Scheidungsratgeber von Frauen für Frauen

Die Autorinnen

RENATE ECKOLDT
Rechtsanwältin und Fachanwältin für Familienrecht, Hamburg

GISELA FREDERKING
Rechtsanwältin und Fachanwältin für Familienrecht, Hamburg

GISELA FRIEDRICHS
Rechtsanwältin und Fachanwältin für Familienrecht, Hamburg

GISELA GEBAUER-JIPP
Rechtsanwältin und Mediatorin, Hamburg

BARBARA HÜSING
Rechtsanwältin und Fachanwältin für Familienrecht, Hamburg

NANETTE MRAMOR
Rechtsanwältin und Fachanwältin für Familienrecht, Hamburg

URSEL MÜLLER-FAHRON
Rechtsanwältin und Notarin
Fachanwältin für Familienrecht, Norderstedt

BARBARA MÜNSCHER
Rechtsanwältin und Fachanwältin für Familienrecht, Hamburg

BÄRBEL PFEIFFER-V. BÜLTZINGSLÖWEN
Rechtsanwältin und Notarin
Fachanwältin für Familienrecht, Norderstedt

SUSANNE PÖTZ-NEUBURGER
Rechtsanwältin und Fachanwältin für Familienrecht
Mediatorin BAFM, Hamburg

SABINE SCHOLZ
Rechtsanwältin und Fachanwältin für Familienrecht
Mediatorin, Flensburg

URSULA WENS
Rechtsanwältin, Hamburg

SCHEIDUNGSRATGEBER
VON FRAUEN FÜR FRAUEN

Vollständig überarbeitete und erweiterte Neuausgabe
(Stand: September 2010)

Inhalt

Vorwort

Dies ist ein Buch von Frauen für Frauen. Es ist eine Gemeinschaftsarbeit von 12 Juristinnen aus Hamburg und Schleswig-Holstein, in der sich vor allem unser Wissen aus jahrelanger Praxis in der Vertretung von Frauen in Familiensachen widerspiegelt. Es ist unser Anliegen, juristisch einwandfrei und zugleich verständlich die Rechte von Frauen bei Trennung und Scheidung aufzuzeigen, von den Interessen der Frauen auszugehen, wobei wir wissen, dass diese Interessen nicht bei allen Frauen gleich gelagert sind, praktische Hinweise zu geben, weshalb wir die einzelnen Situationen von der Trennung bis nach der Scheidung darstellen und auch Briefe anbieten.

Dieses Buch soll einen Beitrag dazu leisten, dass Frauen sich über ihre Rechte informieren und diese auch durchsetzen können. Es sind immer noch die Frauen, die sich vorrangig um Familie und Haushalt kümmern und deshalb oft ihre eigenen Bedürfnisse in der Ehe zurückstellen. Wir möchten Frauen ermutigen, die Trennung vom Ehemann auch als Möglichkeit zu einem Neuanfang zu begreifen, der zu mehr Selbstständigkeit führt.

Selbstständigkeit bedeutet, materiell unabhängig zu sein, einen Beruf und eigenes Einkommen zu haben. Das wird nicht allen Frauen möglich sein, denn auch im Jahr 2010 haben Frauen noch nicht die gleichen Chancen wie Männer im Beruf. Ihr Arbeitsplatz ist oft nicht angemessen bezahlt und wegen der Kinderbetreuung sind sie auf Teilzeitarbeit angewiesen, was ebenfalls zu einem geringeren Arbeitseinkommen führt.

Der Entschluss, die Ehe nicht weiterzuführen, bringt viele Veränderungen mit sich: Vielleicht müssen Sie versuchen, wieder in das Erwerbsleben einzusteigen. Daraus ergibt sich für Sie unter Umständen die Notwendigkeit einer Kinderbetreuung. Unterhaltsfragen müssen geklärt werden. Wo werden Sie und die Kinder wohnen?

Krankenversicherung und Altersvorsorge müsse bedacht werden, die Aufteilung von Vermögen bzw. Schulden ist besonders wichtig. Informieren Sie sich deshalb rechtzeitig und gründlich über Ihre Rechte und Pflichten und auch über die Konsequenzen einer Scheidung. Unser Buch stellt das in Deutschland geltende Recht dar. Frauen, die sich über rechtliche Fragen im Zusammenhang mit ausländischem Recht informieren müssen, weil sie entweder einen Ausländer geheiratet haben oder selbst Ausländerin sind, sollten sich eine Rechtsanwältin aussuchen, die sich mit dem ausländischen Familienrecht auskennt. Helfen kann dieser Ratgeber auch Frauen, die eine eingetragene Lebenspartnerschaft eingegangen sind, weil das Lebenspartnerschaftsgesetz dem Eherecht weit gehend nachgebildet ist.

Dem Familienrecht in den neuen Bundesländern widmen wir keinen eigenen Abschnitt mehr. Soweit noch Besonderheiten bestehen, erwähnen wir diese in den einzelnen Kapiteln. Zu beachten ist, dass das alte Recht der DDR noch Gültigkeit hat für Frauen, die bereits zu »DDR-Zeiten« geschieden wurden und die noch in den neuen Bundesländern leben.

Aufgrund der Änderung des Unterhaltsrechtes im Jahre 2008 ist unter anderem das Privileg der ersten Ehefrau in der Rangfolge der Unterhaltsleistungen geändert worden. Dies kann zur Folge haben, dass sich der Unterhaltsanspruch insgesamt deutlich reduziert. Im Hinblick hierauf ist es für Frauen besonders wichtig, Erwerbsmöglichkeiten aufrechtzuerhalten und auch während der Ehe für eigenes Einkommen zu sorgen.

In diesem Ratgeber finden Sie auch Hinweise für eine gütliche Einigung über anstehende Fragen bei Trennung und Scheidung, und wir zeigen Möglichkeiten und Grenzen der Mediation auf.

Eines kann und will unser Ratgeber nicht leisten: Er ersetzt keinesfalls Ihre individuelle Beratung durch eine Rechtsanwältin.

Die Autorinnen im Juli 2010

I. Kapitel

Ich will mich von meinem Mann trennen

Sie können sich heute scheiden lassen, ohne dass einer dem anderen Schuldvorwürfe machen muss. Die Trennung ist hierzu der erste Schritt. Sie werden geschieden, wenn die Ehe zerrüttet ist und Sie mindestens ein Jahr von Ihrem Ehemann getrennt leben. Es ist nicht entscheidend, wer von Ihnen beiden die Trennung vollzieht; die Entscheidung hat auf eventuelle Unterhaltsansprüche gegen Ihren Ehemann oder auf das Sorgerecht für die Kinder keinen Einfluss. Wenn Sie sich von Ihrem Ehemann trennen, um mit einem anderen Mann zusammen zu leben, hat das jedoch auf jeden Fall nachteilige Auswirkungen auf Ihren Unterhaltsanspruch (siehe Kapitel IV, »Muss mein Mann mir während der Trennungszeit Unterhalt zahlen?«, Seite 68). Ratsam ist es in jedem Fall, sich bei einer Anwältin über Ihre Rechte zu informieren, bevor Sie sich trennen.

1. WAS HEISST GETRENNTLEBEN?

Haben Sie sich zur Trennung entschlossen, zieht in der Regel einer von Ihnen aus der Ehewohnung aus. Sie können aber auch innerhalb der Ehewohnung getrennt leben, wenn Sie nicht gleich eine andere Wohnung finden. Dann dürfen Sie keinen gemeinsamen Haushalt mit Ihrem Ehemann führen, das heißt ihn nicht versorgen, z.B. Wäsche waschen, Hemden bügeln oder für ihn kochen. Die Ehewohnung müssen Sie untereinander räumlich aufteilen.

Schon zu diesem Zeitpunkt ist es ratsam, getrennte Kassen einzuführen. Wenn Sie selbst Einkommen haben, sollten Sie sich ein eigenes Konto einrichten, auf das von jetzt an Ihre Einkünfte überwiesen werden.

Damit es in einem späteren Scheidungsprozess keinen Streit über den Trennungszeitpunkt gibt, sollten Sie diesen schriftlich festlegen: Schreiben Sie einen Brief an Ihren Mann. Wir haben für Sie folgenden Musterbrief entworfen:

Berlin, den ...

Lieber Robert,

Um Unklarheiten zu vermeiden, möchte ich Dir mitteilen, dass ich ab sofort von Dir getrennt leben werde. Solange wir noch auf unsere gemeinsame Wohnung angewiesen sind, werde ich mir meinen eigenen Lebensbereich im bisherigen Wohnzimmer schaffen. Dir steht das andere Zimmer zur Verfügung. Ich werde weder für Dich kochen noch Deine Wäsche waschen. Jeder sorgt in Zukunft für sich selbst. Bitte, halte Dich daran!

Traute

Die Trennungszeit wird nicht unterbrochen, wenn Sie für »kürzere Zeit« wieder mit Ihrem Mann zusammenleben, sich dann aber wieder trennen, der »Versöhnungsversuch« also gescheitert ist. Auch ein gemeinsamer Urlaub unterbricht die Trennungszeit nicht. Gelegentliche Besuche oder ein von vornherein zeitlich begrenztes Zusammenleben sind ebenfalls unproblematisch.

2. STREIT UM DIE EHEWOHNUNG

Wenn Sie allein oder mit den Kindern die Ehewohnung behalten wollen, Ihr Ehemann aber nicht bereit ist auszuziehen, können Sie gerichtliche Hilfe in Anspruch nehmen. Das Gericht kann Ihnen die Wohnung vorläufig zur alleinigen Nutzung zuweisen oder sie unter

Ihnen aufteilen. Wenn Sie und die Kinder misshandelt und bedroht werden, empfehlen wir, die Polizei zu rufen. Eine wichtige Hilfe ist das Gewaltschutzgesetz, nach dem das Gericht auf Antrag entscheidet. Zunächst kann die Polizei eingreifen und als erste Maßnahme gegenüber Ihrem Mann eine »Wegweisung« für bis zu zehn Tage aussprechen. Er muss dann die Wohnung verlassen und ihm wird verboten, sie wieder zu betreten. Hat das Familiengericht innerhalb dieser Zeit noch nicht über Ihren Antrag auf Zuweisung entschieden, kann die Wegweisung um maximal weitere zehn Tage verlängert werden. In jedem Fall sollten Sie sich rechtlich beraten lassen, was weiter zu tun ist.

Eine vorläufige Überlassung der Wohnung durch das Gericht kommt ebenso in Frage, wenn es, aufgrund heftiger Spannungen zwischen Ihnen und Ihrem Ehemann, dem Wohl der Kinder entspricht. Wegen der Schwierigkeiten, eine passende Wohnung zu finden, kann das Familiengericht die Ehewohnung auch zwischen Ihnen und Ihrem Ehemann zur Benutzung aufteilen. Vergleichen Sie hierzu im Einzelnen Kapitel II, »Wohnungsfragen«, Seite 31.

3. BELÄSTIGUNG DURCH DEN EHEMANN NACH AUSZUG

Ist Ihr Ehemann ausgezogen, kommt er aber trotzdem häufig in die Ehewohnung zurück und belästigt Sie, können Sie ihn daran durch den Austausch des Wohnungsschlosses hindern oder beim Familiengericht beantragen, ihm das Betreten der Ehewohnung zu verbieten.

Wenn Ihr Ehemann Sie auch weiterhin nicht in Ruhe lässt, Sie beleidigt, bedroht oder gar misshandelt, dann können Sie ihm dieses Verhalten durch das Gericht untersagen lassen. Gleiches gilt, wenn Ihr Ehemann auf Ihrer Arbeitsstelle anruft, Ihnen auflauert oder Sie anderweitig verfolgt. Auch in solchen Fällen steht Ihnen polizeiliche und gerichtliche Hilfe zu. Verstößt Ihr Ehemann gegen einen Beschluss des Gerichts, so muss er mit der Zahlung eines Zwangsgeldes rechnen.

4. WORAN SOLLTE ICH UNBEDINGT DENKEN, BEVOR ICH MICH TRENNE?

Nehmen Sie Ihre gesamten persönlichen Unterlagen an sich: Geburtsurkunde, Heiratsurkunde, EC-Karte, Kreditkarte, Ausweispapiere, Krankenversicherungskarte, Sozialversicherungsausweis, Zeugnisse und sonstige Arbeitspapiere, Lohnsteuerkarte, die letzten drei Einkommenssteuerbescheide sowie Sparbücher. Notieren Sie ebenfalls Mitglieds- bzw. Versicherungsnummer Ihres Ehemannes bei der Kranken- und Sozialversicherung.

Wenn Sie zusammen mit den Kindern ausziehen, denken Sie auch an deren Papiere: Geburtsurkunden, Kinderpässe, Impfpässe, Schulzeugnisse, Unterlagen über Unfall- und Ausbildungsversicherungen für die Kinder, Sparbücher.

Wenn Sie für sich oder für die Kinder Unterhalt von Ihrem Ehemann verlangen wollen, fotokopieren Sie zusätzlich die Einkommensnachweise Ihres Ehemannes möglichst für die letzten zwölf Monate, z.B. Verdienstbescheinigungen, Lohn- und Gehaltsabrechnungen. Achten Sie auch auf eventuelle Zahlungen von Urlaubs- und Weihnachtsgeld. Belege über eventuelle Nebeneinkünfte Ihres Ehemannes sind ebenso wichtig. Für den Fall, dass Ihr Ehemann selbständig ist, fotokopieren Sie die Gewinnermittlungen, Steuererklärungen und Einkommensteuerbescheide der vergangenen drei Jahre.

Sowohl für Ihre Unterhaltsansprüche als auch für eventuelle spätere Zugewinnausgleichsansprüche (siehe dazu im Einzelnen Kapitel IX, »Zugewinnausgleich und Auseinandersetzung von Vermögen«, Seite 127) ist es wichtig, dass Sie sich über das gemeinsame Vermögen oder das Vermögen Ihres Ehemannes, z.B. Wertpapiere, Sparguthaben, Lebensversicherungen und Bausparverträge, einen Überblick verschaffen. Fotokopieren Sie, wenn möglich, alle Unterlagen.

Wichtig ist, dass Sie über bestehende Schulden informiert sind: Haben Sie oder hat Ihr Ehemann Kredite aufgenommen? Haben Sie gemeinsame Darlehensverträge unterschrieben? Ist das Girokonto überzogen? Bestehen private Schulden? Kopieren Sie sich die entsprechenden Unterlagen, z. B. Kreditverträge oder Kontoauszüge. Kennen Sie Ihre monatlichen Belastungen, wie z. b. Miete, Telefon, Strom, Heizung, Tilgungsraten für eventuelle Darlehen, Lebensversicherungsprämien, Haftpflicht- und Hausratsversicherungen? Machen Sie sich auch hierzu Notizen, besser noch Fotokopien.

Wenn Sie oder Ihr Ehemann oder Sie beide gemeinsam Haus- oder Wohnungseigentümer sind, fotokopieren Sie alle Unterlagen, die das Haus bzw. die Wohnung betreffen, z. b. Kaufvertrag, Grundbuchauszug, die auf Ihrem Haus bzw. Ihrer Wohnung lastenden Hypotheken oder Grundschulden sowie die monatlichen Belastungen, die Ihnen hieraus erwachsen. Notieren Sie außerdem die laufenden Lasten für Ihr Eigentum, wie z. b. Wohngeld, Grundsteuer, Müllabfuhr, Wasser, Feuerkasse und zusätzliche Versicherungen.

5. WAS DARF ICH BEIM AUSZUG MITNEHMEN?

Wenn Sie aus der Wohnung ausziehen, können Sie alle persönlichen Dinge mitnehmen: Heiratsurkunde, Sparbücher, Zeugnisse und weitere persönliche Papiere, Kleidung, Schmuck, Ihre Familienfotos, Familienandenken, Ihre Sportausrüstung und Geschenke, die man Ihnen persönlich gemacht hat. Darüber hinaus können Sie alle Sachen mitnehmen, die Sie für Ihre Berufsausübung benötigen, auch gegebenenfalls den Computer. Die persönlichen Sachen Ihres Ehemannes dürfen Sie jedoch nicht mitnehmen.

Über die Aufteilung der Haushaltsgegenstände sollten Sie sich mit Ihrem Ehemann möglichst endgültig einigen. Gegebenenfalls halten Sie diese Aufteilung schriftlich fest und unterschreiben Sie diese beide. Sollten Sie zu keiner Einigung gelangen oder sogar heimlich ausziehen müssen, nehmen Sie alle Haushaltsgegenstände mit, die Ihnen persönlich gehören. Zusätzlich können Sie alles mitnehmen, was Sie und die Kinder dringend benötigen. Allerdings hat auch Ihr

Ehemann Anspruch auf die nötigsten Einrichtungs- und Haushaltsgegenstände neben seinen persönlichen Dingen.

Weitere Haushaltsgegenstände wie z.b. Fernseher, Musikgeräte, Fotoausrüstungen, Bilder und Antiquitäten, die in der Ehe angeschafft wurden und Ihnen beiden gehören, müssen wertmäßig unter Ihnen verteilt werden. Werden die Kinder in Zukunft bei Ihnen leben, so haben Sie selbstverständlich auch ein Anrecht auf die Kinderzimmereinrichtung, Kleidung und das Spielzeug der Kinder.

Verweigert Ihr Ehemann Ihnen das Recht, bei Ihrem Auszug Haushaltsgegenstände mitzunehmen, so entscheidet auf Ihren Antrag hin das Familiengericht. Weil Sie sich ja gerade erst trennen, wird diese Entscheidung zu einer vorläufigen Aufteilung der Haushaltsgegenstände führen. Das Familiengericht nimmt die Aufteilung nach dem Grundsatz der »Billigkeit« vor, das heißt: Sie soll sinnvoll sein und Ihre persönliche Lebenssituation berücksichtigen.

Es kann jedoch sein, dass die endgültige Aufteilung der Haushaltsgegenstände daran einiges ändert. Bei ihr soll daran gedacht werden, dass die verteilten Gegenstände sich in etwa wertmäßig entsprechen. Sie erfolgt spätestens bei der Scheidung. Diese endgültige Aufteilung entscheidet über die Verteilung aller Haushaltsgegenstände sie muss nicht gerichtlich erfolgen. Wenn der Streit sich mittlerweile beruhigt hat, einigen Sie sich am besten selbst mit Ihrem Ehemann. Vergleichen Sie dazu Kapitel X, »Wie werden die Haushaltsgegenstände verteilt?«, Seite 137.

Voraussetzung für den Antrag an das Familiengericht, Ihnen die von Ihnen gewünschten Haushaltsgegenstände zuzuweisen, ist die Erstellung einer Liste aller Gegenstände im gemeinschaftlichen ehelichen Haushalt. Gehen Sie in Gedanken Zimmer für Zimmer durch, wenn Sie diese Liste aufschreiben. Außerdem müssen Sie angeben, welche Sachen Sie haben möchten und welche Sie Ihrem Ehemann lassen wollen.

Zieht Ihr Ehemann aus der Ehewohnung aus und nimmt in Ihrem Einverständnis verschiedene Haushaltsgegenstände mit, z.B. den Fernseher und das Handwerkszeug, so kommt es nach unserer

Erfahrung nicht selten vor, dass er nach und nach noch mehr abholen möchte, z.B. die Videoanlage, die Filmkamera und anderes. Ein solches Vorgehen brauchen Sie sich nicht gefallen zu lassen. Hier können Sie ihm entgegenhalten: Solange wir uns nicht über die Verteilung aller Haushaltsgegenstände geeinigt haben, verbleibt erst einmal alles in der bisherigen gemeinsamen Ehewohnung. Wenn es ein endgültiger Auszug war, dürfen Sie auch ein neues Schloss einbauen lassen.

6. WER ZAHLT DIE MIETE DER EHEWOHNUNG, WENN EIN EHEPARTNER AUSZIEHT?

Wenn Sie den Mietvertrag allein oder gemeinsam mit Ihrem Ehemann unterschrieben haben, haften Sie gegenüber dem Vermieter in vollem Umfang mindestens bis zum Zeitpunkt der rechtskräftigen Scheidung weiter, auch wenn Sie ausziehen. Sie müssen dann damit rechnen, vom Vermieter in Anspruch genommen zu werden, wenn Ihr Ehemann, der noch in der Ehewohnung wohnt, die Miete nicht bezahlt. Daran ändert sich auch nichts, wenn Sie Ihren Auszug dem Vermieter mitteilen.

Rechtlich wirksam ist nur eine sogenannte Entlassungsvereinbarung, die zwischen allen drei Mietvertragsparteien – Ihnen, Ihrem Ehemann und dem Vermieter – abgeschlossen wird. Bemühen Sie sich also erst um die Zustimmung Ihres Ehemannes, Sie aus dem Mietvertrag zu entlassen. Dann wenden Sie sich in einem Brief, dem die schriftliche Zustimmung Ihres Ehemannes beigefügt ist, an den Vermieter. Der Brief könnte lauten:

Traute Stark   Berlin, den ...
Am Burggraben 13, 10557 Berlin

Mietverhältnis der Wohnung ....

Sehr geehrte Frau ....(Vermieterin),
sehr geehrte Herr............(Vermieter),
am .... bin ich aus der oben genannten Wohnung ausgezogen,
da ich mich von meinem Ehemann getrennt habe. Ich bitte Sie,
mich aus dem Mietvertrag zu entlassen. Mein Ehemann, Robert
Stark, ist damit einverstanden. Er möchte das Mietverhältnis
allein fortsetzen. Sein schriftliches Einverständnis füge ich bei.
Bitte bestätigen Sie mir und meinem Ehemann unter der
jeweiligen Adresse schriftlich, dass Sie einverstanden sind.
Vielen Dank für Ihr Verständnis.

Mit freundlichen Grüßen   *Traute Stark*

Anlage
Zustimmungserklärung Robert Stark, ...

Ich möchte obiges Mietverhältnis allein fortsetzen und bin damit
einverstanden, dass meine Ehefrau aus dem Mietvertrag für die
Wohnung........................ entlassen wird.

Hamburg, den ....
                                                (Robert Stark)

Stimmt der Vermieter oder Ihr Ehemann der Änderung des Mietver-
hältnisses nicht zu, können Sie erst nach Einreichung des Scheidungsantrages und noch bis zu einem Jahr nach Rechtskraft der Scheidung
mit Hilfe des Familiengerichts durchsetzen, dass Sie aus dem Mietvertrag entlassen werden. Vergleichen Sie hierzu auch Kapitel II, »Wohnungsfragen«, Seite 31.

7. WAS PASSIERT MIT GEMEINSAMEN SCHULDEN UND KONTEN?

Die Auffassung, dass Sie für die Schulden Ihres Ehemannes haften, ist weit verbreitet, aber nicht richtig. Sie haften nur für solche Kredite, die Sie alleine oder gemeinsam mit Ihrem Ehemann unterschrieben haben. Sie haften auch für die Überziehung eines gemeinsamen Kontos. Zu Ihrer finanziellen Sicherheit müssen Sie in diesen Fällen etwas unternehmen. Dies gilt auch dann, wenn Sie Ihrem Ehepartner eine Vollmacht für eigene Konten gegeben haben. Überprüfen Sie also zunächst, welche gemeinsamen Konten oder finanziellen Verpflichtungen bestehen und wie die Verfügungsberechtigung, einzeln oder gemeinsam, bei Konten für Sie, Ihren Ehemann und die Kinder geregelt ist:

Von einem gemeinsamen Konto kann Ihr Ehemann weiterhin Geld abheben, ohne dass Sie es kontrollieren können. Das können Sie verhindern, wenn Sie schnell bei Ihrer Bank die bisherige Alleinverfügungsberechtigung in eine gemeinschaftliche Verfügungsberechtigung umwandeln lassen. Lassen Sie EC- und Kreditkarten sofort sperren. Dazu ist die Bank verpflichtet, wenn Sie oder Ihr Ehemann das verlangen. Dann können Sie zukünftig nur beide gemeinsam über das Konto verfügen. Das ist natürlich auf Dauer unpraktisch und nur als erste Maßnahme zur Sicherung gegen unliebsame Überraschungen geeignet. Jedenfalls kann Ihr Ehemann das gemeinsame Konto nicht weiter ins Minus bringen.

Wenn Sie ein eigenes Konto für sich eingerichtet haben, können Sie der Bank auch mitteilen, dass Sie nicht länger Mitinhaberin des gemeinsamen Kontos sein wollen. Das Konto wird dann allein auf den Namen Ihres Ehemannes fortgeführt. Dies geht ohne Schwierigkeiten, solange sich das Konto nicht im Minus befindet. Ist das Konto jedoch überzogen, so können Sie als Mitinhaberin nur ausscheiden, wenn Sie den Minusbetrag ausgleichen. Wenn Ihnen das finanziell nicht möglich ist, dann können Sie jedoch mindestens dafür sorgen, dass der Überziehungskredit von der Bank herabgesetzt oder ganz gestrichen wird.

Haben Sie Ihrem Ehemann ursprünglich Kontovollmacht für Ihr eigenes Konto gegeben, widerrufen Sie bei Ihrer Bank die Vollmacht zu sämtlichen Konten. Natürlich kann auch Ihr Ehemann Ihnen gegenüber die Vollmacht widerrufen, sodass Sie über seine Konten nicht mehr verfügen können.

Für Sparbücher oder andere Vermögenskonten der minderjährigen Kinder haben Mutter und Vater häufig gemeinsame Vollmacht, in der Weise, dass beide auch einzeln über das Konto verfügen können. Hier gilt dasselbe, wie bei dem gemeinsamen Konto der Eheleute: Wenn Sie verhindern wollen, dass Ihr Ehemann ohne Ihr Wissen über das Geld der Kinder verfügt, lassen Sie bei der Bank die Vollmacht in eine gemeinschaftliche Verfügungsberechtigung umändern. Dann kann Ihr Mann nicht ohne Ihre Mitwirkung über die Konten der Kinder verfügen. Das gilt natürlich umgekehrt auch für Sie.

Haben Sie ein gemeinsames Sammelkonto bei einem Versandhaus, teilen Sie der Firma per Einschreiben und Rückschein mit, dass Sie nun getrennt leben und für weitere Bestellungen Ihres Ehemannes nicht mehr haften. Das Schreiben könnte etwa so lauten:

Traute Stark,
Am Burggraben 13
10557 Berlin

Einschreiben/Rückschein
Versandhaus............   *Berlin, den ...*
Kundennummer...

Sehr geehrte Damen und Herren,
mein Ehemann ist nicht mehr berechtigt, weitere auch mich verpflichtende Verträge mit Ihnen zu schließen. Wir leben seit .... getrennt. Bitte bestätigen Sie mir den Empfang dieses Schreibens.

Mit freundlichen Grüßen   *Traute Stark*

Haben Sie und Ihr Ehemann während der Ehe Kredite aufgenommen, um z.b. ein neues Auto oder die gemeinsame Wohnungseinrichtung zu finanzieren, verlangen die Kreditinstitute in der Regel, selbst wenn der Ehemann Alleinverdiener ist, dass auch die Ehefrau den Kredit mit unterschreibt. Dies führt dazu, dass Sie neben Ihrem Ehemann für die Rückzahlung haften.

Wenn Sie sich von Ihrem Ehemann trennen und kein eigenes Einkommen haben, so muss der Kredit auch in Zukunft weiter von Ihrem Ehemann allein abgetragen werden. Die monatliche Darlehensrate kann er dann vor Berechnung Ihres Unterhaltsanspruchs von seinem Einkommen absetzen, wobei allerdings eine Umschuldung mit niedrigeren Raten in Betracht kommen kann. Wenn der Kreditbetrag ausschließlich Ihrem Ehepartner zugeflossen ist, beispielsweise zur Finanzierung seines Hobbys diente, kann er die Raten nicht von seinem Einkommen abziehen.

Um zu vermeiden, jemals von der Bank aus dem Kredit in Anspruch genommen zu werden, sollten Sie auf dem Verhandlungswege versuchen, aus dem Kreditvertrag entlassen zu werden. Unter Umständen wird die Bank dazu bereit sein, wenn Ihr Ehemann ein sicheres Einkommen hat oder zusätzliche Sicherheiten, z.B. Bürgschaften etc., anbieten kann.

Wir haben für Sie die folgenden Musterbriefe entworfen und zusammengestellt:

Traute Stark,
Am Burggraben 13, 10557 Berlin

xy-Bank   *Berlin, den ....*
Darlehensvertrag Nr. .... vom ....

Sehr geehrte Damen und Herren,
mein Ehemann und ich haben uns getrennt. Mein Ehemann,
Robert Stark, ist bereit, unseren gemeinsam bei Ihnen aufgenommenen Kredit allein abzutragen. Ich bitte daher, mich aus

der Darlehensverpflichtung zu entlassen und mir dies schriftlich zu bestätigen. *Eine schriftliche Erklärung meines Ehemannes ist beigefügt. Falls Sie es für nötig halten, sind mein Ehemann und ich gern zu einem persönlichen Gespräch in dieser Sache bereit.*

Mit freundlichen Grüßen   *Traute Stark*

Anlage
Übernahmeerklärung: Robert Stark
xy-Bank   *Hamburg, den ......*
Darlehensvertrag Nr. .... vom ....

Sehr geehrte Damen und Herren,
meine Ehefrau und ich haben uns getrennt. Ich habe mit meiner Ehefrau vereinbart, dass ich die Schuld aus obigem Kreditvertrag allein übernehme und bitte, meine Ehefrau aus dem Kreditvertrag zu entlassen. Ich bitte um schriftliche Zustimmung zu dieser Vereinbarung.

                           Mit freundlichen Grüßen
                                 Robert Stark

Falls die Bank nicht zustimmt, müssen Sie in jedem Fall mit Ihrem Ehemann eine Vereinbarung darüber treffen, dass er Sie im Innenverhältnis von eventuellen Ansprüchen der Bank freihält. Eine solche Erklärung lautet folgendermaßen:

Freihalteerklärung

Hiermit verpflichte ich mich, meine Ehefrau, Traute Stark, von sämtlichen Verbindlichkeiten aus dem Kreditvertrag ......(Nr....., xy-Bank) freizuhalten.

Hamburg, den......   ....
                                  (Robert Stark)

8. WIE BEHALTE ICH
MEINEN KRANKENVERSICHERUNGSSCHUTZ?

Wenn Sie berufstätig sind und Sozialversicherungsbeiträge abführen, haben Sie einen eigenen Krankenversicherungsschutz. Sind Sie nicht berufstätig, so werden die Kinder und Sie in der Regel bei Ihrem Ehemann versichert sein. Dort bleiben Sie auch versichert, wenn Sie von Ihrem Ehemann getrennt leben. Falls Ihr Ehemann Ihre Versicherungskarte und die Ihrer Kinder mitgenommen hat oder nicht herausgibt, können Sie bei der Krankenkasse neue Karten bekommen.

Sollten Sie während der Trennung Zweifel haben, ob Ihr Ehemann noch bei einer bestimmten Krankenkasse krankenversichert ist (Sie erfahren z.b. zufällig, dass Ihr Ehemann die Krankenkasse gewechselt hat), so kann die Krankenkasse dies sofort überprüfen und Ihnen Auskunft geben. Lassen Sie sich nicht mit dem Argument abweisen, dass das Bundesdatenschutzgesetz solche Auskünfte verbietet. Sie haben einen Anspruch darauf, diese Auskunft zu erhalten. Die Kassen können höchstens verlangen, dass Sie Ihre Anfrage schriftlich stellen, weil am Telefon nicht festzustellen ist, ob Sie wirklich die Ehefrau sind.

Wenn Sie nicht herausfinden, bei welcher neuen Krankenkasse Ihr Ehemann versichert ist, können Sie zur zuständigen Arbeitsgemeinschaft/Jobcenter gehen und dort krankenversichert werden. Diese Behörde wird von Ihnen eine Bescheinigung der alten Krankenkasse verlangen, dass Ihr Ehemann dort nicht mehr versichert ist. Diese Bescheinigung muss Ihnen die Kasse auf Wunsch ausstellen.

Haben Sie ein niedriges Einkommen, scheuen Sie sich nicht, beim Sozialamt oder Ihrer Gemeinde einen Antrag auf Übernahme der Krankenkassenbeiträge zu stellen.

Sind Sie und Ihre Kinder über Ihren Ehemann privat versichert, müssen Sie Arztrechnungen und Rezepte für Medikamente an Ihren Ehemann schicken, damit dieser Sie an die Krankenversicherung weiterleitet. Wenn Ihr Ehemann einverstanden ist und dies auch gegenüber der Versicherung erklärt, kann die Versicherung auch mit

Ihnen direkt abrechnen. Es gibt auch die Möglichkeit, den Teil des Versicherungsvertrages, der Sie und die Kinder betrifft, von der Versicherung Ihres Ehemannes abzutrennen. Dann sind Sie selbst Versicherungsnehmerin und nicht nur Begünstigte der Versicherung Ihres Ehemannes. Sie müssen Ihre Beiträge selbst zahlen, die jedoch durch die Abtretung nicht höher werden dürfen. Sie brauchen auch keine Wartezeit zu erfüllen. Lassen Sie sich durch die gesetzliche und private Versicherung möglichst frühzeitig beraten und wenden Sie sich auch an Ihre örtliche Verbraucherzentrale.

Mit Rechtskraft der Scheidung entfällt Ihre Mitversicherung bei der Versicherung Ihres Ehemannes. Sie müssen sich rechtzeitig um eine eigene Versicherung kümmern. Wenn Sie in der Krankenversicherung Ihres Ehemannes bleiben wollen, müssen Sie innerhalb von drei Monaten nach Rechtskraft der Ehescheidung einen Antrag auf Weiterversicherung stellen.

9. VEREINBARUNGEN WÄHREND DES GETRENNTLEBENS

Wenn Sie sich trennen, werden häufig Tatsachen geschaffen, die fortwirken und nicht abgeändert werden können. Nach unseren Erfahrungen werden bereits vor oder bei der Trennung zwischen den Eheleuten Regelungen abgesprochen. Auch wenn gütliche Regelungen sinnvoll und zweckmäßig sind, sollten Sie sich vor der Trennung von einer Rechtsanwältin über die Punkte, die zu regeln sind, beraten lassen. So verhindern Sie, dass Sie Regelungen mit Ihrem Ehemann absprechen, die sich dann für Sie als unvorteilhaft herausstellen.

In der ersten »heißen« Phase der Trennung ist der Kontakt zwischen Ihnen und Ihrem Ehemann möglicherweise abgebrochen oder läuft nur über die Kinder. Trotzdem sollten Sie immer wieder prüfen, ob Sie sich in wesentlichen Fragen mit Ihrem Ehemann einigen können.

Wir empfehlen Ihnen, zunächst allein ein Beratungsgespräch mit einer Anwältin Ihres Vertrauens zu führen. Unter Umständen können

Sie sich nach diesem Gespräch bereits selbst mit Ihrem Ehemann über die Ihnen wichtigen Punkte einigen. Gelingt Ihnen dies nicht, kommt ein Gespräch beider Ehepartner bei Ihrer Anwältin in Betracht. Diese wird Ihrem Ehemann klarmachen, dass sie Ihre Interessen vertritt. Wenn Ihr Ehemann einigungsbereit ist, hält Ihre Rechtsanwältin die Vereinbarung schriftlich fest.

Ist Ihr Ehemann nicht einigungsbereit, wird er sich selbst an einen Rechtsanwalt wenden. Durch die Vermittlung beider Anwälte könnte dann eine Vereinbarung getroffen werden. Auf keinen Fall sollten Sie eine Vereinbarung unterschreiben, die Ihr Ehemann allein aufgesetzt hat. Wenn Sie mit Ihrem Ehemann zu seinem Rechtsanwalt gehen, müssen Sie sich darüber im Klaren sein, dass dieser nur die Interessen Ihres Ehemannes vertritt. Denn eine gemeinsame Vertretung beider Ehepartner durch eine Rechtsanwältin/einen Rechtsanwalt gibt es nicht. Wenn Sie wollen, dass die Interessen beider berücksichtigt werden, können Sie eine Mediation in Betracht ziehen (siehe dazu Seite 28).

Schlägt Ihnen Ihr Ehemann vor, mit ihm zu seinem Rechtsanwalt oder einem Notar zu gehen, weil dort eine Vereinbarung bereits schriftlich vorbereitet sei, dann unterschreiben Sie diese auf keinen Fall gleich. Die zu unterzeichnende Vereinbarung sollten Sie sich unbedingt schriftlich als Entwurf geben lassen. Bitten Sie eine Rechtsanwältin Ihres Vertrauens um Überprüfung, ob dieser Entwurf Ihre und die Interessen Ihrer Kinder angemessen berücksichtigt und nicht für Sie nachteilig ist. Lesen Sie bitte zu diesem Thema auch das XII. Kapitel »Vereinbarungen über Trennungs- und Scheidungsfolgen«.

10. BERATUNG WÄHREND DES GETRENNTLEBENS

Wenn sich die Trennungssituation zwischen Ihnen und Ihrem Ehemann sehr schwierig gestaltet, können Sie sich auch an eine Familienberatungsstelle wenden, allein, gemeinsam mit Ihrem Ehemann oder ebenso mit Ihren Kindern.

Nach dem Kinder- und Jugendhilfegesetz (SGB VIII) sind die Länder verpflichtet, Beratungsstellen für Familienkonflikte anzubieten. Die Inanspruchnahme ist meist kostenlos oder nur mit geringen Kosten verbunden. Träger dieser Beratungsstellen sind Jugendämter bzw. allgemeine soziale Dienste. Auch freie Träger wie pro familia, das Diakonische Werk, Caritas, Arbeiterwohlfahrt, Kinderschutzbund und ähnliche Einrichtungen bieten kompetente Beratungen an. Aufgabe der Beratungsstellen ist es insbesondere, die Eltern dabei zu unterstützen, ein einvernehmliches Konzept für die Wahrnehmung der elterlichen Sorge für ihre Kinder bei Trennung und Scheidung zu entwickeln.

11. MEDIATION

Mediation bedeutet Vermittlung und ist ein Verfahren der Streitbearbeitung, das seit Jahrhunderten in vielen Ländern und Kulturen praktiziert wird. In den USA ist diese Idee seit den 70iger Jahren neu belebt und methodisch weiterentwickelt worden. In Deutschland hat sich die Mediation seit mehr als 15 Jahren, insbesondere bei Familienkonflikten, bewährt.

Im Vordergrund dieses Verfahrens steht, dass Sie als Eheleute mit Unterstützung einer beiden Parteien zugewandten Mediatorin Ihre Probleme klären und eigenverantwortlich eine Lösung oder Regelung erarbeiten. Für den Erfolg dieses Ansatzes müssen Sie beide eine gewisse Bereitschaft mitbringen. Mediation ist durchgehend freiwillig.

Die Mediatorin bestärkt die Eheleute, ihre eigenen Themen, Interessen, Wünsche und Bedürfnisse zu formulieren und die des Anderen zu hören und zu verstehen. Auf dieser Grundlage können Sie gerade bei Trennung gemeinsam mit Ihrem Mann neue und für die Zukunft tragfähige und gewinnbringende Lösungen finden. Hierbei sollten Sie und Ihr Ehemann unbedingt beachten, dass Mediation weder eine Rechtsberatung darstellt noch eine Therapie ersetzt.

Besondere Bedeutung hat die Mediation in den Fällen erlangt, in denen Konflikte beim Sorgerecht oder beim Umgang mit den

Kindern bestehen und die Eltern eine gemeinsame Lösung erreichen wollen. So wird eine Mediation auch immer häufiger von den Familiengerichten nahegelegt. Nach dem neuen Familienverfahrensgesetz kann das Gericht sogar anordnen, dass die Eheleute an einem kostenfreien Informationsgespräch über Mediation oder an anderen Möglichkeiten der Streitbeilegung teilnehmen. Allerdings kann das Gericht Sie zu einer solchen Teilnahme nicht zwingen.

Sind Sie mit Ihrem Mann zu einer Lösung gekommen, so wird diese Regelung schriftlich festgehalten und sollte für jede Seite noch einmal rechtlich geprüft werden.

Eine professionell durchgeführte Mediation kann und sollte Ihnen langwierige gerichtliche Streitigkeiten ersparen. Wenn die folgenden Aussagen auf Sie zutreffen, ist die Mediation auch für Sie der richtige Weg der Konfliktlösung:

- Sie sind keine Freundin von komplizierten und aufwendigen Verfahren, die von anderen, z.B. von einem Gericht, vorgegeben werden.
- Sie bestimmen die Spielregeln gern mit.
- Sie suchen nicht nach der übergeordneten Instanz, die Ihnen Ihr Recht zuteilt. Das zukünftige »Miteinander« ist für Sie wichtiger als rein aus »Prinzip« alleinige Gewinnerin zu sein.
- Sie sehen einerseits Ihre Interessen, wollen andererseits Ihrem Konfliktpartner aber keinen Schaden zufügen oder sich an ihm rächen.

Wenn Sie keinen Raum für Kompromisse sehen, ist Mediation für Sie kein gangbarer Weg. Eine Entscheidung des Gerichts ist dann vorzuziehen. Sie sollten zudem berücksichtigen, dass zwischen Männern und Frauen häufig ein Ungleichgewicht, auch in der Artikulation, besteht. Auch neigen Frauen zu typisch weiblicher Kompromissbereitschaft, so dass die Mediation nicht immer von Vorteil sein könnte. Eine kompetente Mediatorin wird dies allerdings im Blick behalten und nur eine Vereinbarung unterstützen, die tatsächlich von *beiden* Parteien getragen wird.

Für die Mediation fallen gesondert Kosten an, die in der Regel nach Stundenaufwand abgerechnet werden. Wie viele Sitzungen Sie brauchen, lässt sich schwer voraussagen. Es gibt allerdings einige Rechtsschutzversicherungen, die die Kosten für eine Mediation übernehmen.

12. WIE IST DAS MIT DEM ERBRECHT?

Solange Sie verheiratet sind, besteht Ihr gesetzliches oder testamentarisches Ehegattenerbrecht. Dies ändert sich mit Beginn eines Scheidungsverfahrens. Das Ehegattenerbrecht endet, wenn ein begründeter Scheidungsantrag eines Ehegatten gestellt worden ist bzw. wenn der andere Ehegatte dem Scheidungsantrag zugestimmt hat. Spätestens endet es bei rechtskräftiger Scheidung.

Wenn Sie allein ein Testament gemacht haben, können Sie es jederzeit widerrufen, z.B. indem Sie ein neues Testament aufsetzen und ausdrücklich schreiben, dass das vorherige nicht mehr gelten soll. Besteht ein gemeinschaftliches Testament mit Ihrem Ehemann, kann dies nur notariell widerrufen werden.

II. Kapitel

Wohnungsfragen

Wenn Sie und Ihr Ehemann zur Trennung entschlossen sind, sollte zunächst geklärt werden, was aus der Ehewohnung wird, ganz unabhängig davon, ob diese angemietet ist oder ob es sich um eine Eigentumswohnung handelt. Wenn Sie selbst in der Ehewohnung nicht bleiben können oder wollen, werden Sie sich überlegen müssen, ob Sie eine Wohnung auf dem freien Markt anmieten oder ob Sie staatliche Hilfe in Anspruch nehmen können, d.h. den Antrag auf eine Sozialwohnung oder auf Wohngeld stellen. In besonders schwierigen Fällen haben Sie für eine Übergangszeit die Möglichkeit, ins Frauenhaus zu gehen.

Wohnen Sie in den neuen Bundesländern und wurde Ihr Mietvertrag über die Ehewohnung vor dem 3.10.1990 abgeschlossen, müssen Sie wissen, dass auch bei Unterzeichnung des Vertrages durch nur einen Ehegatten beide Eheleute automatisch Mieter der gemeinsamen Wohnung geworden sind. Diese »DDR-Regelung« gilt auch weiterhin für vor dem Beitritt schriftlich geschlossene Mietverträge. Sollte Ihr »DDR-Mietvertrag« die Klausel enthalten, dass Sie und Ihr Ehemann das Mietverhältnis jederzeit mit einer Frist von zwei Wochen schriftlich kündigen können, so gilt nach wie vor die Zwei-Wochen-Kündigungsfrist. Da sich die Regelungen zur Fortgeltung von DDR-Recht ändern können, suchen Sie im Zweifelsfall rechtzeitig anwaltlichen Rat auf.

1. WAS WIRD AUS DER EHEWOHNUNG BIS ZUR SCHEIDUNG?

Wenn Sie sich mit Ihrem Ehemann während der Trennungszeit nicht einigen können, wer die Wohnung verlässt, gibt es in Härtefällen die

Möglichkeit, dass Ihnen das Familiengericht auf Ihren Antrag hin schon vor der Scheidung, ja sogar vor Einreichung des Scheidungsantrags, die Ehewohnung einstweilen zur alleinigen Nutzung zuweist und Ihren Ehemann verpflichtet, die Wohnung zu verlassen.

Sollten Sie und/oder Ihre Kinder akut von Gewalttätigkeiten und Drohungen Ihres Ehemanns betroffen sein, kann die Polizei nach dem jeweiligen Polizeirecht Ihren Ehemann erst einmal aus der Wohnung weisen (Wegweisung) und ihm gegenüber ein befristetes Betretungsverbot aussprechen. Um zu verhindern, dass Ihr Ehemann nach Ablauf der Wegweisungsfrist wieder Einlass in die Ehewohnung verlangt, sollten Sie so schnell wie möglich beim Familiengericht den Antrag stellen, dass Ihnen im Wege der einstweiligen Anordnung die Ehewohnung zur alleinigen Nutzung zugewiesen wird.

Bei der einstweiligen Zuweisung der Ehewohnung kommt es nicht darauf an, welcher der Ehegatten Mieter oder Eigentümer der Wohnung bzw. des Hauses ist. Selbst wenn Ihr Ehemann Alleinmieter oder Alleineigentümer der Ehewohnung oder des gemeinsam bewohnten Hauses ist, kann Ihnen und den Kindern die Wohnung oder das Haus zur einstweiligen Nutzung bis zur Scheidung zugewiesen werden. Folgende Voraussetzungen müssen jedoch erfüllt sein:

- Sie leben bereits getrennt oder wollen sich endgültig trennen.
- Die räumliche Trennung innerhalb der Ehewohnung ist aus Platzgründen oder wegen des Verhaltens Ihres Ehemannes nicht zumutbar.
- Die Zuweisung ist notwendig, um eine unbillige Härte zu vermeiden.

Eine »unbillige Härte« wird z.B. in folgenden Fällen angenommen:.

- Ihr Ehemann hat Sie oder die Kinder geschlagen, und Sie müssen befürchten, dass er dies wieder tun wird.
- Ihr Ehemann ist ständig betrunken, randaliert in der Wohnung und wird Ihnen gegenüber ausfallend und beleidigend.
- Das Wohl Ihrer Kinder ist gefährdet.

Das Gericht fordert Beweise für die von Ihnen vorgetragenen Härtegründe, wie z.B. ärztliche Atteste für Verletzungen, Zeugen für die Tätlichkeiten und/oder Verletzungen. Sind Ihre Kinder mit betroffen, sollte das Gericht das Jugendamt anhören. Wenden Sie sich hierfür an die zuständige Mitarbeiterin des Jugendamtes und bitten Sie sie, Ihren Antrag bei Gericht zu unterstützen. Wenn Ihr Ehemann die Möglichkeit hat, bei Eltern, Verwandten oder Freunden unterzukommen, sollten Sie dies in Ihrem Antrag unbedingt angeben.

Neben der einstweiligen Zuweisung der Ehewohnung kann das Gericht auf Ihren Antrag hin folgende zusätzliche Maßnahmen treffen:

- Ihr Ehemann wird aufgefordert, die Ehewohnung entweder sofort oder bis zu einem bestimmten Zeitpunkt zu räumen.
- Ihrem Ehemann wird verboten, die Ehewohnung wieder zu betreten.
- Ihrem Ehemann wird untersagt, Sie weiterhin zu misshandeln, zu bedrohen oder zu belästigen.
- Ihrem Ehemann wird aufgegeben, eigenmächtig entfernte Haushaltsgegenstände wieder in die Ehewohnung zurückzubringen.

In besonders eilbedürftigen Fällen wird das Gericht sehr schnell ohne mündliche Verhandlung seine Entscheidung treffen und Ihnen per Gerichtsbeschluss die Ehewohnung innerhalb weniger Tage zuweisen. Liegen nicht eindeutige Beweise vor oder will das Gericht das Jugendamt oder die Gegenseite noch vorher anhören, müssen Sie aber auch damit rechnen, dass es länger dauern kann, vor allem, wenn eine Gerichtsverhandlung angeordnet wird.

Wenn der Gerichtsbeschluss vorliegt, Ihr Ehemann sich aber noch in der Ehewohnung aufhält und sich weigert, die Wohnung zu verlassen, müssen Sie die Räumung mit Hilfe eines Gerichtsvollziehers durchsetzen. Sie dürfen dann auch das Wohnungsschloss auswechseln.

2. WAS WIRD AUS DER GEMIETETEN EHEWOHNUNG NACH DER SCHEIDUNG?

Spätestens bei der Scheidung sollte geklärt werden, wer endgültig in der Ehewohnung bleibt. Als Ehewohnung gelten alle Räume, die von beiden Eheleuten gemeinsam bewohnt wurden oder jedenfalls dafür gedacht waren. Es kann sich dabei auch um ein möbliertes Zimmer handeln, eine Dienst- oder Werkwohnung, eine Ferienwohnung oder ein Häuschen auf dem Schrebergartengelände.

Wenn Sie sich mit lhrem Ehemann darüber einig sind, wer von Ihnen die Wohnung nach der rechtskräftigen Scheidung zukünftig allein oder mit den Kindern bewohnen wird, sollten Sie dies gemeinsam dem Vermieter mitteilen. Ab Eingang der Erklärung beim Vermieter tritt der in der Wohnung verbleibende Ehepartner als alleiniger Mieter in das Vertragsverhältnis ein. Für bis dahin bestehende Mietschulden, Schönheitsreparaturen und andere mit dem Mietvertrag anfallende Forderungen muss der/die Ausziehende gemeinsam mit dem Partner eine Einigung finden; neue Pflichten können für sie/ihn jedoch nicht mehr hinzutreten. Allerdings ist es dem Vermieter vorbehalten, aus wichtigen Gründen das neue Mietverhältnis binnen eines Monats zu kündigen. Mögliche Kündigungsgründe müssen auf den Ehepartner zutreffen, der die Wohnung übernimmt, wie z.B. massive Hausfriedensstörung oder Beschädigung der Mietsache. Falls die Umschreibung vor der Scheidung nicht erfolgen kann, weil der Vermieter (vor allem Wohnungsgesellschaften) vor der Rechtskraft der Ehescheidung zur Entlassung eines Ehegatten aus dem Mietvertrag nicht bereit ist, sollten Sie Ihre Vereinbarung mit in den Scheidungsfolgenvergleich aufnehmen.

Eine gerichtliche Entscheidung müssen Sie auch beantragen, wenn Sie sich mit Ihrem Ehemann nicht einigen können, was mit der Ehewohnung geschehen soll. Das gilt auch, wenn Sie vorübergehend ausgezogen sind, Ihren Anspruch auf die Ehewohnung aber noch nicht aufgegeben haben.

Einen Anspruch auf Überlassung der Wohnung haben Sie, wenn Sie unter Berücksichtigung des Wohls der bei Ihnen lebenden Kinder und der bisherigen Lebensverhältnisse in stärkerem Maße auf die Nutzung der Ehewohnung angewiesen sind. Für die Entscheidung des Gerichts spielen folgende Gesichtspunkte eine Rolle:

• Bei wem bleiben die Kinder?
• Sollte den Kindern ein Wohnungswechsel, d.h. ein Schul-, Kindergarten-, Spielkameradenwechsel erspart werden?
• Alter, Gesundheitszustand, Hilfsbedürftigkeit der Eheleute.
• Wem ist der Umzug eher zuzumuten, auch unter Berücksichtigung der finanziellen Verhältnisse?
• Wer hat schon vor der Ehe in der Wohnung gelebt und möglicherweise erhebliche Summen in die Renovierung und Ausstattung der Wohnung investiert?

Bei einer Mietwohnung kommt es für die Zuweisung der Wohnung nicht darauf an, wer Hauptmieter im Mietvertrag ist oder wer die Wohnung gerade bewohnt.

Lassen Sie sich also nicht von Ihrem Ehemann damit unter Druck setzen, er werde das Mietverhältnis kündigen, wenn Sie sich nicht zum Auszug bereit erklären. Selbst wenn er das Mietverhältnis schon gekündigt hat, kann Ihnen das Familiengericht die bisherige Ehewohnung noch zuweisen und einen Mietvertrag mit Ihnen allein begründen.

Bei einer Genossenschaftswohnung wird auch von Bedeutung sein, wer Mitglied in der Genossenschaft ist. Das Gericht kann aber bei Vorliegen der oben aufgeführten Gründe die Wohnung auch dem Nichtmitglied zuweisen. In einem solchen Fall sollten Sie im Rahmen der vermögensrechtlichen Auseinandersetzung darauf achten, dass Sie die Genossenschaftsanteile Ihres Ehemannes übernehmen. Geschieht dies nicht, sollten Sie selbst durch Einzahlung von Anteilen Mitglied der Genossenschaft werden. Nur so können Sie sich eine dauerhafte Wohnmöglichkeit verschaffen, ohne davon abhängig zu sein, dass Ihr Ehemann seine Mitgliedschaft in der Genossenschaft behält.

Bei Dienst- und Werkswohnungen soll das Gericht in der Regel demjenigen die Wohnung zuweisen, der in dem entsprechenden Dienst- oder Arbeitsverhältnis steht. Will das Gericht davon abweichen, muss es die Zustimmung des Arbeitgebers bzw. der Wohnungsgesellschaft einholen. Eine Zuweisung ist notwendig, um eine schwere Härte zu vermeiden. Dies wird vor allem dann in Frage kommen, wenn die Wohnung für minderjährige Kinder erhalten bleiben soll. Die Zustimmung kann auch befristet erteilt werden, z.b. für die Dauer des Schulbesuchs oder bis zur Volljährigkeit der Kinder. Auch in einem solchen Fall brauchen Sie sich nicht von Ihrem Ehemann einschüchtern zu lassen, wenn er behauptet, die Wohnung sei schließlich eine Werkswohnung und Sie hätten keinerlei Aussicht, diese zu behalten.

Achtung: Alle Anträge an das Familiengericht müssen spätestens innerhalb eines Jahres nach der rechtskräftigen Scheidung gestellt sein. Nur dann kann das Gericht auch gegen den Willen Dritter in deren Rechte eingreifen, also z.b. einen Vermieter zwingen, das Mietverhältnis mit einem Ehegatten fortzusetzen oder zu begründen. Dringen Sie darauf, dass diese Fragen schon mit der Scheidung durch gerichtliche Vereinbarung oder gerichtliche Entscheidung geklärt werden.

3. WER DARF NACH DER SCHEIDUNG DAS HAUS/ DIE EIGENTUMSWOHNUNG NUTZEN?

Wenn Sie und Ihr Ehemann Miteigentümer des Hauses/der Wohnung sind und Sie sich nicht einigen können, wer nach der Scheidung dort wohnen bleibt, kann Ihnen das Gericht das Haus/die Wohnung zur alleinigen Nutzung zuweisen, z.B. wenn Sie die gemeinsamen Kinder versorgen. Das Familiengericht entscheidet hierbei nach denselben Grundsätzen wie bei einer Mietwohnung (siehe Kapitel II, »Was wird aus der gemieteten Ehewohnung nach der Scheidung?«, Seite 34).

Ist Ihr Ehemann Alleineigentümer des Hauses/der Wohnung, kann Ihnen gegen seinen Willen sein Haus/seine Wohnung nur in Ausnahmefällen, d.h. bei ungewöhnlich schweren Beeinträchtigungen Ihrer Kinder oder Ihrerseits, zugewiesen werden. Das Gericht wird in diesem Fall eine ortsübliche Miete festsetzen, die Sie an Ihren Ehemann für die Nutzung seines Miteigentumsanteils oder Alleineigentums zahlen müssen, und das Mietverhältnis zeitlich befristen.

Wenn Sie sich mit Ihrem Ehemann einigen können, wer in dem gemeinsamen oder einem von Ihnen gehörenden Haus wohnen bleibt, sollte auch möglichst ein Mietvertrag geschlossen werden. Jedenfalls für die Zeit nach der Scheidung muss derjenige, der im Hause wohnen bleibt, eine objektive Nutzungsentschädigung an den anderen/die andere zahlen. Ein angemessener Ausgleich für die alleinige Nutzung kann aber auch darin bestehen, dass Zins und Tilgung für die Hausdarlehen sowie Grundsteuer und Hausversicherungen nur von dem Ehepartner gezahlt werden, der das Haus allein nutzt.

Leistet Ihr Ehemann diese Zahlungen, nachdem Sie aus Ihrem oder dem gemeinsamen Haus ausgezogen sind, kann er unter Umständen von Ihnen später die Hälfte der gezahlten Beträge zurückverlangen. Um das zu verhindern, müssen Sie mit ihm über die Art und Höhe der zu zahlenden Nutzungsentschädigung und die Verrechnung mit seinen Zahlungen eine schriftliche Vereinbarung treffen. Ist er dazu nicht bereit, schicken Sie ihm einen Brief, in dem Sie ihn zu einer »Neuregelung der Verwaltung und Benutzung des (Mit)-Eigentumsanteils« auffordern und eine Nutzungsentschädigung von ihm verlangen. Dann können Sie seinen Ausgleichsforderungen später Ihre eigene Forderung auf Nutzungsentschädigung entgegenhalten.

Bewohnen Sie das im Alleineigentum oder Miteigentum Ihres Ehemanns stehende Haus und ist er Ihnen unterhaltsverpflichtet, werden die Zins- und Tilgungsleistungen Ihres Ehemanns bei seiner Unterhaltsverpflichtung berücksichtigt. Ihr Barunterhalt wird sich verringern.

Wegen der komplizierten Rechtslage und der finanziellen Tragweite sollten Sie sich von Ihrer Anwältin beraten lassen.

4. WIE KOMME ICH ZU EINER SOZIALWOHNUNG (§5-SCHEIN, DRINGLICHKEITSSCHEIN)?

Für eine Sozialwohnung benötigen Sie einen sogenannten »§5-Schein«. Das ist der Wohnberechtigungsschein nach §5 Wohnungsbindungsgesetz. Sie erhalten diesen Schein bei dem für Sie zuständigen Wohnungsamt. Das Wohnungsamt selbst vermittelt Ihnen in diesem Fall keine Wohnung, Sie müssen mit dem Schein zu einem Vermieter von Sozialwohnungen oder zu einer Wohnungsbaugesellschaft gehen und sich dort um eine Wohnung bewerben. Auch in den Tageszeitungen und im Internet werden Sozialwohnungen angeboten.

Den §5-Schein erhalten nur Einzelpersonen oder Familien mit geringem Einkommen. Ob Sie einen Anspruch auf einen §5-Schein haben oder nicht, errechnet für Sie das Wohnungsamt.

Nehmen Sie daher, wenn Sie zum Wohnungsamt gehen, folgende Unterlagen mit: Einkommensnachweise, z.b. Lohnsteuerkarte, Rentenbescheid, Bescheid über Arbeitslosenunterstützung, Sozialhilfe, Nachweis über eventuelle Unterhaltzahlungen, Ausweispapiere, Unterlagen über Ihre laufenden Ausgaben.

In der Regel verlangt das Wohnungsamt darüber hinaus einen Nachweis, dass Sie von Ihrem Ehemann getrennt leben. Wenn Ihre Scheidung schon läuft, nehmen Sie Ihre Kopie des Scheidungsantrags gleich mit. Ist es noch nicht so weit, nehmen Sie die bisherige anwaltliche Korrespondenz mit. Ansonsten erklären Sie mit Nachdruck, dass Sie getrennt leben.

Wenn Sie zusammen mit Ihren Kindern eine Sozialwohnung beantragen wollen, benötigt das Wohnungsamt einen Nachweis darüber, dass die Kinder auf Dauer bei Ihnen leben werden. Hier genügt eine entsprechende übereinstimmende Erklärung von Ihnen und Ihrem Ehemann. Ist Ihr Ehemann nicht damit einverstanden, dass die Kinder auf Dauer bei Ihnen leben, sollten Sie das Jugendamt um eine vorläufige Stellungnahme für das Wohnungsamt bitten.

In Regionen mit besonderer Wohnungsnot können Sie über das Wohnungsamt eine Wohnung vermittelt bzw. zugewiesen bekommen,

wenn Sie als Wohnungsnotfall anerkannt werden und einen soge-
nannten Dringlichkeitsschein erhalten. Erkundigen Sie sich bei dem zuständigen Amt, ob es in Ihrem Ort diese Möglichkeit gibt. Welche Voraussetzungen für die Anerkennung als Wohnungsnotfall im Einzelfall vorliegen müssen, richtet sich nach unterschiedlichen verwaltungsrechtlichen Vorschriften. In der Regel werden allein erziehende oder schwangere Frauen bei der Vergabe von Dringlichkeitsscheinen bevorzugt berücksichtigt.

5. HABE ICH ANSPRUCH AUF WOHNGELD?

Wohngeld ist ein staatlicher Mietzuschuss, der nicht zurückgezahlt werden muss. Sie haben Anspruch darauf, wenn Ihr Einkommen und das Ihrer im Haushalt lebenden Familienmitglieder nicht für die Miete Ihrer Wohnung ausreicht. Wenn Sie allerdings Arbeitslosengeld II oder Sozialhilfe beziehen, erhalten Sie zusätzlich kein Wohngeld. Ihre Wohnungskosten müssen Sie dann im Rahmen der Hilfe zum Lebensunterhalt beantragen (siehe dazu Kapitel V, »Wann erhalte ich Leistungen vom Staat?«, Seite 77).

Wohngeld wird sowohl für gemietete Zimmer und Wohnungen als auch für Eigenheime und Eigentumswohnungen bewilligt. Ob Sie einen Anspruch haben und wenn ja, in welcher Höhe, hängt davon ab, wie viele Personen in der Wohnung leben, wie hoch die Miete oder sonstige Belastungen sind und welches Einkommen den Familienmitgliedern zur Verfügung steht. Ist die Miete zu hoch oder verdienen Sie zu viel, steht Ihnen kein Wohngeld zu.

Das Wohngeld ist regional unterschiedlich hoch, die Berechnung kompliziert. Stellen Sie einen Antrag bei der Wohngeldstelle und lassen Sie sich Ihren Anspruch berechnen. Klären Sie bereits vorher telefonisch, welche Unterlagen Sie mitbringen müssen. Da Sie immer erst ab Antragstellung, also für die Zukunft, Wohngeld erhalten, ist es wichtig, den Antrag so früh wie möglich zu stellen. Die Zahlung wird in der Regel für höchstens zwölf Monate bewilligt. Wenn Sie auch später die Voraussetzungen erfüllen, müssen Sie einen Fortsetzungsantrag stellen, möglichst vor Ablauf der Bewilligungszeit, damit durchgehend Zahlungen gesichert sind.

Schon bevor Sie einen neuen Mietvertrag abschließen, sollten Sie sich bei der Wohngeldstelle erkundigen, ob Sie für die vorgesehene Wohnung überhaupt Wohngeld erhalten können. Nehmen Sie den Vorvertrag mit oder genaue Angaben über Größe und Mietpreis der Wohnung.

Wenn Ihr Antrag abgelehnt wird, können Sie Widerspruch einlegen und die Berechnung nachprüfen lassen. Auskünfte zum Wohngeld erteilen die Mietervereine und in Hamburg, Bremen und Lübeck die öffentlichen Beratungsstellen. Auch gibt es im Internet zum Wohngeld eine Seite des »Bundesministeriums für Verkehr, Bauwesen, Stadtentwicklung und Wohnen« mit den aktuellen Tabellen für Einkommen, Wohnungsgrößen und Mietkosten.

6. SOLLTE ICH IN EIN FRAUENHAUS GEHEN?

In Deutschland gibt es seit vielen Jahren Frauenhäuser in allen Bundesländern. Sie bieten Schutz, Unterstützung und Unterkunft für Frauen, die von ihrem Ehemann oder Freund bedroht wurden oder seelisch oder körperlich misshandelt worden sind. Jede Frau kann mit ihren Kindern ins Frauenhaus gehen.

Wenn Sie in ein Frauenhaus gehen möchten, nehmen Sie den Kontakt am besten telefonisch auf. Die Telefonnummern der Frauenhäuser finden Sie im Telefonbuch oder können Sie erfragen, z.B. bei der Polizei, bei Frauenbeauftragten und Gleichstellungsbeauftragten oder bei Beratungsstellen. Die Frauenhäuser sind in der Regel Tag und Nacht telefonisch erreichbar. Gehörlose Frauen erreichen Frauenhäuser über Dolmetscherinnen, über die Polizei und häufig auch über Fax. Nicht alle Frauenhäuser sind zugänglich für Frauen mit Behinderung. Ob das Frauenhaus in Ihrer Nähe behindertengerecht ist, können Sie bei Bedarf bei der Kontaktaufnahme erfragen.

Die Adressen der Frauenhäuser sind in der Regel geheim, um die dort wohnenden Frauen und Kinder vor Bedrohungen und weiterer Gewalt zu schützen.

Der Aufenthalt im Frauenhaus ist nicht immer einfach, da Sie dort mit sehr vielen unterschiedlichen Frauen und Kindern zusammenleben, manchmal auch auf engem Raum. Sie haben aber die Chance, andere Frauen kennenzulernen, die sich in der gleichen Lage befinden wie Sie. Vielleicht finden Sie hier auch andere betroffene Frauen zur gegenseitigen Unterstützung. Die Frauenhaus-Mitarbeiterinnen bieten Ihnen Beratung und konkrete Hilfe.

In Frauenhäusern oder bei Frauenhausberatungsstellen können Sie weitere Kontaktadressen bekommen von Rechtsanwältinnen, Ärztinnen, Beratungsstellen, Frauen- und Selbsthilfegruppen in Ihrer Region.

7. WAS MUSS ICH BEIM UMZUG BEACHTEN?

Wenn es Ihnen gelungen ist, eine neue Wohnung zu finden, sollten Sie sofort versuchen, alle vertraglichen Verpflichtungen aufzulösen, die mit der alten Wohnung zusammenhängen. Das betrifft vor allem das Mietverhältnis. Haben beide Ehepartner den Mietvertrag der Ehewohnung unterschrieben, können Sie den Vertrag nicht allein kündigen. Sie können den Vermieter bitten, Sie aus dem Mietverhältnis zu entlassen. Wie Sie das machen, haben wir in Kapitel I, »Ich will mich von meinem Mann trennen«, Seite 13 beschrieben.

Denken Sie auch an die Strom-, Gas-, Telefon- und Rundfunkgebühren. Bei Strom- und Gasgebühren kann es Ihnen passieren, dass auch nach Ihrer Kündigung Rechnungen auf Sie zukommen, wenn Ihr Ehemann diese nicht bezahlt. Für Telefon- und Rundfunkgebühren sind Sie nach Ihrer Kündigung nicht mehr verantwortlich. Hierzu haben wir einen Musterbrief entworfen. Machen Sie von Ihren Briefen eine Kopie für Ihre Unterlagen.

Traute Stark
Am Burggraben 13
10557 Berlin

GEZ (Gebühreneinzugszentrale) Köln

Berlin, den ...
Kunden-Nr.: ...

Sehr geehrte Damen und Herren,
hiermit teile ich Ihnen mit, dass ich am..... aus der Wohnung
Am Markt 7, 20357 Hamburg, ausgezogen bin. Mieter und Ihr
Vertragspartner bleibt mein Ehemann Hans Stark.

Mit freundlichen Grüßen
Traute Stark

Für Ihre neue Wohnung müssen Sie sich und Ihre Kinder bei der Meldebehörde/Einwohnermeldeamt anmelden. Besorgen Sie sich auch einen Nachsendeantrag bei der Post.

Soll Ihr Ehemann Ihre neue Adresse nicht erfahren, können Sie bei der Meldebehörde eine sogenannte Auskunftssperre für sich und Ihre Kinder beantragen. Diesen Antrag müssen Sie begründen. Die Auskunftssperre wird auf jeden Fall eingerichtet, wenn Sie glaubhaft darlegen, dass eine Gefahr für Ihre Gesundheit, Ihr Leben oder Ihre persönliche Freiheit besteht, falls Ihr Mann Ihre Anschrift erfährt. Die Sperre kann auch bei Belästigungen, Nachstellungen und Stalking beantragt werden.

Traute Stark
Am Burggraben 13
10 557 Berlin

Einwohnermeldeamt
Berlin bzw. Hamburg   *Berlin, den ...*

Sehr geehrte Damen und Herren,
ich beantrage hiermit, für meine oben angegebene Anschrift für
die Dauer eines Jahres eine Auskunftssperre einzurichten.
Die Einrichtung der Auskunftssperre ist notwendig, weil ich mich
von meinem Mann getrennt habe und er meine neue Anschrift
nicht erfahren soll. Er hat mich in der Vergangenheit bedroht
und körperlich misshandelt. Ich muss auch weiterhin eine
Gefährdung fürchten, wenn ihm meine Anschrift bekannt wird.
Da ich Sozialhilfeempfängerin bin (bzw. ein niedriges Einkom-
men habe), bitte ich um Gebührenbefreiung.

Mit freundlichen Grüßen
Traute Stark

Hinweis: Bei einer Auskunftssperre sind zwei Schreiben notwendig, und zwar für das »alte« und das »neue« Einwohnermeldeamt. Die Auskunftssperre ist auf ein Jahr begrenzt, lässt sich aber auf Ihren Antrag hin auch verlängern. Beachten Sie, dass die Auskunftssperre nicht nur gegenüber Ihrem Ehemann, sondern auch gegenüber allen Personen, Behörden und Firmen wirksam ist. Sie müssen diejenigen, von denen Sie Post erhalten wollen, selbst über Ihre neue Anschrift informieren.

III. Kapitel:

Was wird aus den Kindern?

Die Eheprobleme und die damit oftmals verbundene Trennung/ Scheidung der Eltern gehen nie gänzlich ohne einschneidende Folgen an den Kindern vorbei. So stellen sie meist eine starke seelische Belastung dar, die sich bei jedem Kind und je nach Alter des Kindes unterschiedlich ausdrückt. Bei vielen Kindern treten als unmittelbare Reaktion zunächst Traurigkeit und Hilflosigkeit, Wut und aggressives Verhalten, manchmal auch Scham, Angstzustände, Schlafstörungen und Entwicklungsrückschritte wie Daumenlutschen und Bettnässen auf. Als Folge dessen kann es auch zu schlechteren Leistungen in der Schule, widersprüchlichem Verhalten, überraschenden Gefühlsausbrüchen und anderen Auffälligkeiten kommen.

Sie können Ihren Kindern diese Zeit erleichtern, indem Sie mit ihnen darüber reden und sie auf die Trennung vorbereiten. Jeder Elternteil kann dem Kind erklären, warum die Trennung notwendig ist, der andere Elternteil sollte dabei nicht beschuldigt werden. Erzählen Sie den Kindern, was sich durch die Trennung ändern wird. Sprechen Sie aber auch darüber, was sich nicht verändern wird, wie z.b. das eigene Zimmer, der Kindergarten, die Besuche von und bei Verwandten.

Mit den Problemen, die sich für die Kinder ergeben, können Sie sich an Erziehungsberaterinnen, Kinderpsychologinnen oder das Jugendamt wenden. Sie haben einen gesetzlichen Anspruch auf Beratung durch das Jugendamt, das Sie gegebenenfalls an Fachleute weiter verweisen wird und hierfür Kosten übernehmen kann. Sie sollten auch überlegen, ob die Trennungssituation für Ihre Kinder leichter zu bewältigen ist, wenn Sie den Lehrerinnen bzw. im Kindergarten von den familiären Schwierigkeiten berichten. Vermutlich können die Erzieherinnen dann besser auf Veränderungen des Verhaltens oder auch der Leistungen reagieren.

Auf die seelische Belastung der Kinder können wir im Rahmen dieses Buches nur hinweisen. Ausführlich werden wir auf die Fragen des Sorgerechts, des Umgangsrechts und des Kindesunterhalts eingehen.

1. BEI WEM SOLLEN DIE KINDER BLEIBEN UND WER HAT DIE ELTERLICHE SORGE?

Während der Ehe haben die Eltern gemeinsam das Recht der elterlichen Sorge (Personen- und Vermögenssorge) für ihre Kinder. Im Falle einer Trennung und einer Scheidung besteht das gemeinsame Sorgerecht grundsätzlich weiter. Eine Änderung tritt nur dann ein, wenn bei Gericht ein entsprechender Antrag gestellt worden ist und das Gericht eine andere Regelung getroffen hat.

GEMEINSAME ELTERLICHE SORGE

Bei Veränderung der familiären Situation durch Trennung/Scheidung, wird Ihr Kind vermutlich seinen Lebensmittelpunkt entweder bei Ihnen oder bei seinem Vater haben. Lebt das Kind bei Ihnen, treffen Sie trotz der gemeinsamen elterlichen Sorge die alltäglichen Entscheidungen allein. Dies ist ausdrücklich im Gesetz (§ 1687 des Bürgerlichen Gesetzbuches) geregelt worden. Zu Ihren täglichen Entscheidungen zählen unter anderem die Wahl des Sportvereins oder eines Musikinstruments, Urlaubsreisen während der Ferien, auch Arztbesuche. Die gemeinsame elterliche Sorge verlangt jedoch, dass Sie mit dem Vater grundlegende Fragen wie z.B.

- Schul- und Ausbildungsverhältnis,
- Krankenbehandlung in schweren Fällen,
- längerer Auslandsaufenthalt,
- religiöse Erziehung

besprechen und gemeinsam entscheiden.

Kommt es immer wieder zu Streit mit dem Vater oder können Sie sich mit ihm, z.B. über die Ausbildung Ihres Kindes, nicht einigen, so kann Ihnen das Familiengericht diesen Teilbereich der elterlichen Sorge zur Alleinentscheidung übertragen. Sie können den andauernden Konflikt aber auch zum Anlass nehmen, die Übertragung der gesamten elterlichen Sorge auf sich allein zu beantragen.

ALLEINIGE ELTERLICHE SORGE

Haben Sie sich getrennt, müssen Sie sich nun überlegen, ob Sie künftig mit Ihrem getrennt lebenden Ehemann gemeinsam die Verantwortung für die Kinder tragen wollen und können. Erscheint Ihnen dies jedoch nicht möglich, können Sie beim Familiengericht die Übertragung der elterlichen Sorge oder eines Teils davon, z.b. des Aufenthaltsbestimmungsrechts, auf sich beantragen.

Stellen Sie einen Antrag auf Übertragung der alleinigen elterlichen Sorge (§ 1671 des Bürgerlichen Gesetzbuches), so sind die Entscheidung und der Prüfungsumfang des Gerichts an unterschiedliche Voraussetzungen gebunden.

Stimmt der Vater Ihrem Antrag zu, so erhalten Sie das alleinige Sorgerecht, *ohne* dass das Gericht weitere Nachprüfungen anstellt. Das Familiengericht muss diesem übereinstimmenden Elternwillen Rechnung tragen.

Anders verhält es sich, wenn das Kind bereits 14 Jahre alt ist und Ihrem Antrag widerspricht. Dann genügt die Zustimmung des Vaters nicht und das Gericht muss prüfen, ob die Übertragung der elterlichen Sorge auf Sie dem Wohle des Kindes am besten entspricht. Diese Überprüfung muss das Familiengericht auch dann vornehmen, wenn Ihr Ehemann Ihren Antrag ablehnt, weil er es bei dem gemeinsamen Sorgerecht belassen möchte.

Bei folgenden Fallkonstellationen besteht nach unserer Einschätzung Aussicht auf die Übertragung der alleinigen elterlichen Sorge auf Sie:
- Der Vater ist zur Zusammenarbeit in wesentlichen Erziehungsfragen nicht fähig oder verweigert sie. Er behindert z.B.

jede von Ihnen gewünschte Entscheidung aus nicht verständlichen Gründen.

- Der Vater hält keinen Kontakt mit seinem Kind und verdeutlicht dadurch seine gleichgültige Haltung gegenüber dem Wohlergehen des Kindes.
- Der Vater war gegen Sie oder das Kind gewalttätig.
- Der Vater ist von Alkohol oder Drogen abhängig.
- Die äußeren Lebensumstände sprechen für eine Aufhebung des gemeinsamen Sorgerechts. Nicht ausschlaggebend ist dabei eine große Entfernung zwischen den Wohnorten der Eltern. Wenn der Vater aber zusätzlich schwer zu kontaktieren ist, wird das Gericht möglicherweise die gemeinsame elterliche Sorge aufheben.

Wenn Ihr Ehemann seinerseits die alleinige elterliche Sorge beantragt und den Aufenthalt der Kinder bei sich beansprucht, muss das Familiengericht entscheiden, wo das Kind auf Dauer lebt und wer von den Eltern das alleinige Sorgerecht haben soll. Das Gericht prüft dann z.B.:

- Bei wem ist Ihr Kind am besten aufgehoben?
- Zu wem von Ihnen beiden hat Ihr Kind die engere Bindung?
- Bei wem wohnt Ihr Kind und von wem wird es zum Zeitpunkt der Trennung bzw. der Sorgerechtsentscheidung versorgt?
- Unter welchen Umständen bleiben Ihrem Kind seine persönlichen Lebensumstände (Kindergarten, Schule, Freundeskreis) und seine wichtigsten Bezugspersonen am ehesten erhalten?
- Wer fördert das Umgangsrecht des Kindes mit dem anderen Elternteil am zuverlässigsten?
- Bei welchem Elternteil bleibt der Zusammenhang mit den Geschwistern am besten erhalten?
- Wer hat mehr Zeit und Bereitschaft für die Betreuung des

Kindes (Freizeitgestaltung, Beaufsichtigung von Schularbeiten usw.) und fördert es besser? Wie ist im Falle der Berufstätigkeit für die Betreuung - z.b. Tagesmutter, Kindergarten oder neuer Partner, mit dem sich auch Ihr Kind gut versteht - gesorgt? Übrigens: Der Vater wird meistens keine besseren Möglichkeiten haben als Sie, wenn er berufstätig ist.

- Wer ist in der Lage, Ihr Kind in seiner persönlichen und gefühlsmäßigen Entwicklung besser zu fördern?
- Keine Bedeutung hat die Frage, wer die sogenannte »Schuld« an der Trennung trägt.

Nach unserer Einschätzung ist nicht von zentraler Bedeutung, wie die elterliche Sorge aufgeteilt ist, sondern bei wem die Kinder leben. Besteht zwischen den Eltern Einigkeit über den Aufenthaltsort, ist die rechtliche Vertretung der Kinder eher nachrangig. Sie spielt ohnehin nur eine Rolle bei Fragen von erheblicher Bedeutung für Ihr Kind.

Lässt sich der gerichtliche Streit über das Sorgerecht trotz der Wahrnehmung aller Hilfsangebote nicht vermeiden, so können Kinder eine eigene Unterstützung im familiengerichtlichen Verfahren erhalten. Hierbei kann die Familienrichterin Ihrem Kind einen Verfahrensbeistand zur Seite stellen, der nur die Belange Ihres Kindes vertritt, eine sogenannte »Anwältin des Kindes«.

In schwierigen Sorgerechtsfällen wird das Gericht ein psychologisches Gutachten einholen. Die Gutachterin wird dann ausführliche Gespräche mit Ihnen, dem Vater und Ihrem Kind führen und in dem Gutachten einen Vorschlag machen. Beide Elternteile müssen damit rechnen, dass dadurch hohe Verfahrenskosten auf sie zukommen, die bei bewilligter Verfahrenskostenhilfe von der Staatskasse übernommen werden.

In einem Sorgerechtsverfahren *muss* die Familienrichterin Kinder, die älter als 14 Jahre sind, anhören. Bei jüngeren Kindern *kann* sie die Anhörung anordnen. In sehr streitigen Fällen müssen Sie immer mit einer Anhörung rechnen.

ABÄNDERUNG VON SORGERECHTSREGELUNGEN
Die gerichtliche Entscheidung über das Sorgerecht, eines Teils davon
oder die einverständliche Beibehaltung des gemeinsamen Sorgerechts
können auf Antrag nachträglich wieder abgeändert werden. Grund-
voraussetzung dafür ist, dass dies dem Wohl des Kindes am besten
entspricht. Sowohl Sie als auch der Vater können einen solchen Antrag stellen.

2. WIE IST ES MIT DEM UMGANGSRECHT?

Auch nach Trennung und Scheidung der Eltern haben Kinder meist
das Bedürfnis, die Beziehung zu Mutter *und* Vater zu erhalten. Deshalb kennt unser Gesetz ein Recht des Kindes auf Umgang mit dem
Elternteil, mit dem es nicht zusammenwohnt. Dieses Gesetz verpflichtet beide Eltern ausdrücklich, alles zu unterlassen, was das Verhältnis des Kindes zu dem anderen Elternteil beeinträchtigt.

VEREINBARUNG EINES EINVERSTÄNDLICHEN UMGANGSRECHTS
Wenn Sie sich einverständlich getrennt haben oder bei der Scheidung
keiner von Ihnen einen Antrag auf das alleinige Sorgerecht gestellt
hat, werden Sie sich darüber einig sein, dass Ihr Kind den Vater oder
wenn es bei ihm wohnt, Sie, die Mutter, regelmäßig besucht. Die bes-
te Voraussetzung dafür, dass Ihr Kind die Trennung gut verkraftet, ist
eine einvernehmliche Absprache zwischen Ihnen und Ihrem früheren
Ehemann über die Besuchskontakte. Die Häufigkeit, die Dauer und
die Art dieser Besuche sollten auf das Alter Ihres Kindes und dessen
seelische Verfassung abgestimmt sein.

Ein Umgangsrecht besteht bereits für das Baby und erst recht für
das kleine Kind, dann aber nur stundenweise oder unter besonderen
Umständen auch für einen ganzen Tag. Es gibt keine festgeschriebe-
nen Regeln für die Dauer der Besuche. Die Familiengerichte schlagen
häufig vor, dass Kinder ab etwa 5 Jahren jedes zweite Wochenende,
jeweils den zweiten Feiertag zu Ostern, Pfingsten und Weihnachten

und Schulkinder die Hälfte der Ferien bei dem anderen Elternteil verbringen. Sie sollten bei den Umgangsabsprachen darauf achten, dass Ihre Kinder mit Ihnen nicht nur den Alltag verbringen, sondern auch Wochenenden und Feiertage. Es kann hilfreich sein, wenn Sie Ihr Kind zum Vater bringen und damit zeigen, dass Sie mit einem guten Kontakt Ihres Kindes zu seinem Vater einverstanden sind.

Es ist für Kinder gut, wenn sie sich auf regelmäßige Besuche einstellen können und die Abstände zwischen diesen Besuchen nicht so groß sind. Bei älteren Kindern kann sich eine genaue Festlegung der Umgangstage allerdings nachteilig auswirken. Die Kinder haben häufig eigene Interessen, wollen am Wochenende Freunde und Freundinnen besuchen oder haben sich zu Veranstaltungen verabredet und können dann eine starre Besuchsregelung als Verplanung oder Zwang empfinden. Am besten beteiligen Sie Ihre älteren Kinder an der Entscheidung.

Ihr Mann hat das Recht, die Kinder ohne Sie zu sehen, zu sich zu nehmen oder mit ihnen etwas zu unternehmen. Ebenso kann er die Kinder zu seinen Freunden oder Verwandten mitnehmen, sofern dies den Kindern nicht schadet. Das Gleiche gilt, wenn die Kinder z.B. die neue Freundin Ihres Mannes kennenlernen sollen. Nur selten wird es Gründe für die Annahme geben, dass Ihre Kinder dadurch seelischen Schaden erleiden.

Wenn beide Eltern eine Umgangsregelung für das Kind wünschen, sich aber über die Einzelheiten nicht einigen können, sollten Sie sich zunächst Rat und Hilfe beim Jugendamt oder bei den Erziehungsberatungsstellen holen. Sollte es trotzdem nicht zu einer Einigung kommen, können Sie bei dem Familiengericht beantragen, dass die Einzelheiten des Umgangsrechtes verbindlich festgelegt werden. Ein solches Verfahren ist auch möglich, wenn Sie sich über die gemeinsame elterliche Sorge einig sind. Das Gericht wird in dem Verfahren das Jugendamt einschalten.

Hat einer von Ihnen bei der Trennung oder Scheidung das alleinige Sorgerecht bekommen, verhält es sich im Prinzip genauso: Das Kind hat ein Recht, den anderen Elternteil zu sehen.

PROBLEME BEI DER AUSÜBUNG DES UMGANGSRECHTS

Möglicherweise möchten Sie Ihr Kind nicht zum Vater geben, weil Sie Probleme befürchten, z.b.

- dass der Vater Sie kontrollieren und auf Sie Druck ausüben will,
- dass er Ihr Kind aushorcht und sich in Ihre Familie einmischt,
- dass er Sie bei der Übergabe Ihres Kindes beschimpft oder bedroht
- oder dass er Ihnen Ihr Kind nicht wieder zurückgibt,
- dass er das Kind nicht kindgerecht betreut,
- dass er Termine immer wieder kurzfristig absagt.

In all diesen Fällen sollten Sie sich Rat und Hilfe bei einer Anwältin Ihres Vertrauens holen. Insbesondere dann, wenn Sie Anhaltspunkte für einen sexuellen Missbrauch oder für Misshandlungen Ihres Kindes durch den Vater haben, aber auch, wenn Sie über einen längeren Zeitraum festgestellt haben, dass die Kinder sich nach dem Umgang anhaltend aggressiv verhalten.

Ob diese Befürchtungen und Probleme einen Grund für den Ausschluss des Umgangsrechts darstellen, kann immer nur das Familiengericht entscheiden. So kann es z.b. anordnen, dass ein Umgangsrecht nur unter Aufsicht einer dritten Person stattfinden kann (begleiteter Umgang). Das können z.b. Verwandte, Freunde, Nachbarn, Mitarbeiter des Jugendamtes oder des Kinderschutzbundes sein.

Wenn der Vater keinen Unterhalt zahlt oder sich vor der Trennung auch wenig um Ihr Kind gekümmert hat, so ist dies allerdings kein Grund, das Umgangsrecht zu verweigern. Die Unterhaltszahlung muss auf andere Weise durchgesetzt werden.

Die Wiederaufnahme eines für längere Zeit unterbrochenen Kontaktes zwischen Kind und Vater sollte behutsam angebahnt werden, z.b. durch Besuche ohne Übernachtung und zunächst für wenige Stunden. Wichtig zu wissen ist, dass auch der umgangsberechtigte Vater Pflichten hat: Er darf Ihre Beziehung zum Kind nicht stören, Sie nicht schlechtmachen und das Kind nicht aushorchen. Vereinbarte Besuchstermine muss er einhalten oder frühzeitig verlegen.

Die Kosten, die durch diese Besuche entstehen, trägt der umgangsberechtigte Vater allein. Anders kann es sich verhalten, wenn Sie mit Ihrem Kind z.b. in eine andere Stadt gezogen sind und er also einen langen Anfahrtsweg hat, um Ihr Kind zu sehen. Die damit verbundenen Kosten dürfen zwar nicht vom Kindesunterhalt abgezogen werden, es kann aber sein, dass Sie sich daran beteiligen müssen.

GRÜNDE FÜR EINEN AUSSCHLUSS DES UMGANGSRECHTS

Es sind Fälle vorstellbar, in denen es Ihrem Kind schadet, wenn es den Vater besucht, z.b.:

- wenn Ihr Kind aus nachvollziehbaren Gründen jeden Kontakt ablehnt, etwa weil es miterlebt hat, dass der Vater Sie misshandelt hat,
- wenn der Vater Ihrem Kind Gewalt angetan hat,
- wenn der Vater Ihr Kind nachweislich sexuell missbraucht hat,
- wenn der Vater gar nicht in der Lage ist, etwa wegen Alkoholismus oder Drogensucht, sich während der Besuchszeit auf Ihr Kind einzustellen.

In diesen Fällen sollten Sie den Kontakt zwischen Vater und Kind unterbinden. Wenn er dennoch darauf besteht, Ihr Kind zu sehen, warten Sie ab, ob er beim Familiengericht einen Antrag auf eine Umgangsregelung stellt. Sie können aber auch Ihrerseits beim Familiengericht einen Antrag auf Ausschluss des Umgangsrechts stellen. Das Familiengericht wird in einem solchen Verfahren die Eltern, das Kind sowie das Jugendamt anhören und eventuell auch ein psychologisches Gutachten einholen.

Die Gerichte nehmen das Umgangsrecht des Vaters sehr ernst, sodass ein Ausschluss für längere Zeit nur als außerordentliche Maßnahme angeordnet wird, z.b. wenn keine anderen Mittel zum Schutze

Ihres Kindes zur Verfügung stehen. Nicht ausreichend ist hingegen, dass die Eltern vollständig zerstritten sind oder dass Ihr Kind nicht zum Vater will.

UMGANGSRECHT VON VERWANDTEN, STIEF- UND PFLEGEELTERN
Manchmal wird von Eltern bei ihrer Trennung und Scheidung vergessen, dass die Kinder auch in ihren Beziehungen zu anderen Verwandten betroffen sind. So hat Ihr Kind vielleicht zu Familienmitgliedern seines Vaters, etwa zur Großmutter, zu Geschwistern, die bei ihm wohnen, oder zum Stiefvater eine enge Beziehung. Wenn diese Personen Kontakt zu Ihrem Kind haben möchten oder Ihr Kind solche Wünsche äußert, müssen Sie überlegen, ob dies für Ihr Kind gut ist.

Großeltern, Geschwister, Stiefeltern und Pflegeeltern haben grundsätzlich ein Recht auf Umgang mit Ihrem Kind. Wenn es nicht zu einer Einigung mit Ihnen kommen sollte, können sie deshalb beim Familiengericht einen Antrag stellen, damit dort eine Regelung getroffen wird. Der Umgang wird gewährt, wenn er dem Wohl Ihres Kindes dient.

3. WER ZAHLT FÜR DIE KINDER UND WIEVIEL?

Das Kind erhält den Barunterhalt von dem Elternteil, bei dem es nicht lebt und von dem es nicht täglich betreut wird. Keine Rolle hierbei spielt, wie das Sorgerecht verteilt ist. Sowohl beim gemeinsamen, als auch beim alleinigen Sorgerecht kommt es darauf an, ob Ihr Kind bei Ihnen oder im Haushalt des Vaters lebt. Wenn das Kind in Ihrem Haushalt lebt, ist der Vater zur Unterhaltszahlung an Sie verpflichtet.. Sie als Mutter leisten Ihren Unterhalt durch Betreuung und müssen deshalb keinen Unterhalt zahlen. Sie müssen jedoch alle Schritte unternehmen, um den Barunterhaltsanspruch Ihres Kindes dem Vater gegenüber durchzusetzen. Voraussetzung für den Unterhaltsanspruch des Kindes ist einerseits die Bedürftigkeit des Kindes und andererseits die Leistungsfähigkeit des unterhaltspflichtigen Vaters.

Die Höhe des Unterhalts

Die Höhe des Unterhalts bestimmt sich nach dem einkommensteuerlichen Existenzminimum im Sinne des § 32 Einkommensteuergesetz (Mindestunterhalt). Diese Regelung gilt seit dem 1.1.2010 einheitlich für die gesamte Bundesrepublik. Das steuerliche Existenzminimum bildet die Grundlage für die Düsseldorfer Tabelle, die in zehn Einkommensgruppen (Leistungsfähigkeit des unterhaltspflichtigen Vaters) und drei Altersstufen der minderjährigen Kinder eingeteilt ist. Sie können diese Tabelle entweder beim Jugendamt oder im Internet einsehen und bei Änderungen der Tagespresse entnehmen

Die Höhe der Unterhaltsbeträge ist abhängig von:
- dem Alter des Kindes,
- dem Nettoeinkommen des Verpflichteten,
- der Anzahl der Personen, denen der Verpflichtete Unterhalt zu zahlen hat,
- dem Selbstbehalt des Vaters (Mindestbetrag für seinen eigenen Unterhalt),
- Einkünften der Kinder

Das Alter des Kindes

Für die Berechnung des Unterhalts spielt das Alter des Kindes eine Rolle. Man zählt in drei Altersstufen:
1. Altersstufe : 0 - 5 Jahre (bis zum 6. Geburtstag)
2. Altersstufe : 6 - 11 Jahre (bis zum 12. Geburtstag)
3. Altersstufe : 12 - 17 Jahre (bis zum 18. Geburtstag)

Der Mindestunterhalt beläuft sich zurzeit (ab 1.1.2010) auf monatlich 317 Euro in der 1. Altersstufe, auf 364 Euro in der 2. Altersstufe und auf 426 Euro in der 3. Altersstufe.

Die Düsseldorfer Tabelle unterliegt regelmäßigen Änderungen, weil das Existenzminimum in zeitlichen Abständen neu berechnet wird. Die Berücksichtigung des staatlichen Kindergeldes hierbei wird auf Seite 157 beschrieben.

Volljährige Kinder bis zum 21. Lebensjahr werden minderjährigen Kindern gleichgestellt, wenn sie im Haushalt der Eltern oder eines Elternteils leben und eine allgemeinbildende Schule besuchen. Sie werden als »privilegierte volljährige Kinder« bezeichnet. Die Höherstufung in die nächste Altersstufe beginnt am 1. des Monats, in dem das Kind Geburtstag hat.

WAS IST DAS NETTOEINKOMMEN?

Der für Ihr Kind individuell zu errechnende Unterhalt ist von der Einkommenshöhe des unterhaltspflichtigen Vaters abhängig. Die Grundlage für die Berechnung des monatlichen Kindesunterhalts ist das bereinigte durchschnittliche monatliche Nettoeinkommen des Vaters. Dies entspricht häufig nicht dem Auszahlungsbetrag auf der Lohn- und Gehaltsabrechnung eines Monats. Angefallene Überstunden, Urlaubs- und Weihnachtsgeld oder andere Zuwendungen sind einzubeziehen. Fahrgeld oder beruflich notwendige Aufwendungen, z.b. Gewerkschaftsbeiträge, sowie Aufwendungen für eine angemessene private Altersvorsorge, u.a. Riesterrente, sind abzuziehen. Wie das durchschnittliche Nettoeinkommen des Unterhaltsverpflichteten zu ermitteln ist, stellen wir ausführlich in Kapitel IV, unter »Einkommen bei abhängig Beschäftigten«, Seite 71 dar.

Das Nettoeinkommen von Selbständigen wird anders berechnet. Auf die Besonderheiten bei selbstständig tätigen Personen weisen wir auch in Kapitel IV unter »Einkommen selbständig Tätiger« auf Seite 72 hin.

Zur Berechnung des Unterhalts muss Ihnen Ihr Ehemann vollständig Auskunft über sein Einkommen geben. Er hat Ihnen die Gehaltsnachweise der letzten zwölf Monate vorzulegen. Wenn er zusätzliche Einkünfte erzielt hat, z.B. aus einem Nebenjob, aus Vermögen, Vermietung oder dem Lohnsteuerjahresausgleich, muss er Ihnen auch darüber Unterlagen vorlegen, die den Zeitraum von einem Jahr betreffen. In welcher Form die Selbständigen Auskunft über ihre Nettoeinkünfte erteilen müssen, beschreiben wir ebenfalls in Kapitel IV.

Kommen Sie an die Einkommensunterlagen Ihres Ehemannes nicht heran und gibt er Ihnen nicht freiwillig Auskunft, so können Sie ihn verklagen. Der Antrag auf Auskunft kann gleichzeitig mit einem Unterhaltsantrag, dem sogenannten Stufenantrag, beim Familiengericht eingereicht werden.

SELBSTBEHALT DES VATERS

Wenn das Einkommen des Vaters so niedrig ist, dass für ihn nach der Unterhaltszahlung nicht einmal der so genannte Selbstbehalt (Eigenbedarf) übrig bleiben würde, muss der Vater in der Regel nicht den vollen Unterhalt zahlen. Der Selbstbehalt ist der Betrag, der dem Vater zum Leben verbleiben muss. Erst wenn der Vater Einkommen erzielt, welches den Selbstbehalt übersteigt, ist er unterhaltsrechtlich leistungsfähig.

Die Höhe des Selbstbehalts ist davon abhängig, ob der Vater erwerbstätig oder dauerhaft nicht erwerbstätig ist. Der Selbstbehalt liegt in der Regel zwischen 770 Euro und 900 Euro. Bei Unterhaltszahlungen an volljährige Kinder wird der Selbstbehalt bei etwa 1.100 Euro angesetzt.

Der Vater ist verpflichtet zu arbeiten, um Unterhaltszahlungen zu gewährleisten. Tut er dies absichtlich nicht oder hat er eine frühere Tätigkeit ohne Grund aufgegeben, kann er trotzdem vom Familiengericht zu Unterhaltszahlungen verurteilt werden. Das Gericht legt hierfür das früher erzielte Arbeitseinkommen zugrunde. Allerdings ist es praktisch nicht möglich, ihn zu einer Arbeitsaufnahme zu zwingen, so dass eine zwangsweise Eintreibung des Unterhaltes schwierig ist. Die Verletzung der Unterhaltspflicht ist strafbar. Sie können daher eine Strafanzeige wegen Unterhaltspflichtverletzung gegen den Vater erstatten.

DER SOGENANNTE MANGELFALL

Reicht das Einkommen des Vaters nicht aus, den Bedarf aller seiner unterhaltsberechtigten minderjährigen Kinder sowie der privilegierten volljährigen Kinder zu decken und ihm gleichzeitig den notwendigen Selbstbehalt zu belassen, liegt ein Mangelfall vor.

In einem solchen Mangelfall wird der Geldbetrag, der den notwendigen Selbstbehalt übersteigt, auf die unterhaltsberechtigten minderjährigen Kinder entsprechend ihrer Mindestunterhaltssätzen aufgeteilt.

ANRECHNUNG DES STAATLICHEN KINDERGELDES AUF DEN KINDESUNTERHALT

Sie erhalten für Ihre Kinder staatliches Kindergeld. Einzelheiten zu den Fragen, für welche Kinder Anspruch auf staatliches Kindergeld besteht und welcher Elternteil Anspruch auf die Auszahlung des staatlichen Kindergeldes, insbesondere bei volljährigen Kindern hat, finden Sie in Kapitel XI unter »Was sollte ich über Kindergeld und Kinderfreibeträge wissen?«, Seite 154.

Neben den dort behandelten Gesichtspunkten stellt sich die Frage, wie sich das staatliche Kindergeld auf den Unterhalt auswirkt. Das Kindergeld ist unmittelbar zur Deckung des Bedarfs Ihres Kindes zu verwenden, d.h. im Regelfall, dass das staatliche Kindergeld zur Hälfte auf den Betreuungsunterhalt und zur anderen Hälfte auf den Barunterhalt anzurechnen ist. Wird das Kind nicht von einem Elternteil betreut oder ist es volljährig, ist das Kindergeld in voller Höhe bedarfsdeckend anzurechnen.

SONDERBEDARF

Sie können unter bestimmten Voraussetzungen Sonderbedarf für Ihr Kind beanspruchen. Sonderbedarf ist ein hoher Bedarf, der weder voraussehbar war noch von Dauer ist und somit nicht in der monatlichen Unterhaltsverpflichtung berücksichtigt werden konnte.

Zum Sonderbedarf gibt es keine einheitliche Rechtssprechung. Am häufigsten wird Sonderbedarf in unvorhergesehenen Krankheitsfällen bejaht. Einige Gerichte erkennen zudem auch Konfirmations- und Kommunionskosten als Sonderbedarf an. Unter bestimmten Umständen müssen Nachhilfestunden zur Überbrückung vorübergehender Schulschwierigkeiten, z.b. nach einer Krankheit des Kindes, ebenfalls vom Vater als Sonderbedarf getragen werden. Allerdings werden Kosten für Klassenreisen, selbst wenn sie wegen einer Auslandsreise hoch sind, meist nicht als Sonderbedarf anerkannt. In jedem Fall ist es jedoch sinnvoll, den Vater vorab zur Zahlung aufzufordern und ihm die Unterlagen für die Klassenreise zur Verfügung zu stellen oder rechtzeitig mit ihm eine Kostenteilung zu vereinbaren.

MEHRBEDARF

Mehrbedarf unterscheidet sich von Sonderbedarf dadurch, dass die Kosten regelmäßig anfallen, kalkulierbar und vom Tabellenunterhalt nicht gedeckt sind. Hierbei kann es sich um Kosten für länger andauernde Krankheiten oder für dauerhafte Nachhilfestunden handeln. Sollten Sie eigene Einkünfte beziehen, müssen Sie sich am Mehrbedarf beteiligen.

KANN DER VATER DEN UNTERHALT KÜRZEN, WENN ER SEIN UMGANGSRECHT WAHRNIMMT?

Bei der Unterhaltshöhe ist bereits berücksichtigt, dass sich das Kind im Rahmen des Umgangsrechtes auch beim Vater aufhält. Deshalb hat er kein Recht auf Kürzung der Unterhaltszahlung, selbst dann nicht, wenn er mit den Kindern teure Urlaubsreisen macht. Denn alle Kosten für das Kind mit Ausnahme für Essen und Trinken laufen bei Ihnen weiter.

EIGENES EINKOMMEN DES MINDERJÄHRIGEN KINDES

Wenn Ihr minderjähriges Kind eigene Einkünfte, z.b. eine Ausbildungsvergütung, hat, wirkt sich dies auf die Unterhaltsverpflichtung des Vaters aus. Von dem Einkommen Ihres Kindes sind, wie auch bei dem Unterhaltsverpflichteten, zunächst die berufsbedingten Aufwendungen, z.b. Bücher, Fortbildung, Fahrgeld oder Berufskleidung abzuziehen. Manche Gerichte billigen den minderjährigen Kindern auch einen Pauschbetrag für ausbildungsbedingten Mehrbedarf zu. Von dem verbleibenden Einkommen wird die Hälfte auf den Unterhaltsbetrag, den der Vater zu zahlen hat, angerechnet, sodass sich dessen Verpflichtung meist stark reduziert.

UNTERHALT VOLLJÄHRIGER KINDER

Das volljährige Kind hat gegen beide Elternteile einen Anspruch auf Barunterhalt. Diesen muss es im eigenen Namen geltend machen. Anders als bei minderjährigen Kindern müssen bei volljährigen Kindern beide Elternteile im Verhältnis ihrer Einkünfte für den Unterhalt aufkommen. Wenn ein Elternteil allerdings weniger als den angemessenen Selbstbehalt monatlich zur Verfügung hat, ist er nicht unterhaltspflichtig. Die Höhe des Selbstbehaltes wird von den Gerichten nicht einheitlich festgesetzt, in Hamburg beträgt er z.B. zurzeit 1.100 Euro monatlich worin eine Miete von 450 Euro enthalten ist.

Voraussetzung für den Unterhaltsanspruch eines volljährigen Kindes ist, dass es als Schüler nicht mehr zu Hause wohnt, Auszubildender oder Studierender ist oder trotz nachgewiesener Bemühungen keine Arbeits- oder Ausbildungsstelle findet. Die Höhe des Unterhaltsanspruchs ist ebenso wenig einheitlich geregelt wie der Selbstbehalt. So machen viele Gerichte die Bedarfshöhe des volljährigen Kindes davon abhängig, ob es noch zu Hause wohnt.

Sollte Ihr Kind aus dem Elternhaus ausgezogen sein, wird überwiegend von den Gerichten ein Unterhaltsbedarf von 640 Euro angesetzt. Zusätzlich zu diesem Betrag haben volljährigen Kinder Anspruch auf Kranken- und Pflegeversicherungsbeiträge und Studierende auf Studiengebühren. Eventuelles Einkommen der volljährigen Kinder, z.B. die Ausbildungsvergütung, wird um berufsbedingte Aufwendungen wie Fahrgeld oder Berufskleidung bereinigt und auf ihren Bedarf angerechnet.

Für den jeweiligen Barunterhaltsanspruch haften die Eltern anteilig entsprechend ihrer Einkommens- und Vermögensverhältnisse, soweit diese den *angemessenen* Selbstbehalt übersteigen.

PRIVILEGIERTE VOLLJÄHRIGE

Volljährige Kinder, die bei den Eltern oder bei einem Elternteil leben, das 21. Lebensjahr noch nicht vollendet haben und sich in der allgemeinen Schulausbildung befinden, sogenannte privilegierte volljährige Kinder, werden unterhaltsrechtlich den minderjährigen Kindern gleichgestellt. Dies hat zur Folge, dass bei den Eltern die niedrigen Selbstbehalte zugrunde gelegt werden. Da das volljährige Kind nicht mehr betreuungsbedürftig ist, müssen beide Elternteile Barunterhalt leisten und haften anteilig entsprechend ihrer Einkommens- und Vermögensverhältnisse, soweit diese den *notwendigen* Selbstbehalt übersteigen.

WIE WIRD DER UNTERHALTSANSPRUCH GEGEN DEN VATER DES KINDES GELTEND GEMACHT?

Zahlt der Vater unregelmäßig oder keinen Unterhalt und sind die Ansprüche auch nicht gerichtlich geregelt, müssen Sie ihn möglichst bald zur Zahlung auffordern. Es ist ausreichend, wenn Sie den Vater zur Auskunft über sein Einkommen zum Zwecke der Geltendmachung eines Unterhaltsanspruchs auffordern. Sie erhalten den Kindesunterhalt ab dem 1. des Monats, in dem das Aufforderungsschreiben zur Zahlung und/oder Auskunfterteilung dem Vater zuging. Schreiben Sie ihm deshalb sofort, wenn Sie kein Geld erhalten haben. Am besten ist es, Sie schicken ihm einen Brief als Einwurfeinschreiben oder Einschreiben mit Rückschein, damit Sie die Aufforderung zur Zahlung in einem gerichtlichen Verfahren beweisen können. Machen Sie sich eine Kopie! Der Brief könnte etwa so lauten:

Traute Stark Berlin, den............
Am Burggraben 13, 10557 Berlin

Per Einschreiben

Herrn Robert Stark
Am Markt 7, 20357 Hamburg

Lieber Robert,
Du hast diesen Monat keinen Unterhalt für unser Kind bezahlt.
Entsprechend der gültigen Unterhaltstabelle hast Du bei Deinem
Einkommen einen monatlichen Unterhaltsbeitrag von € .... an
mich zu zahlen.
Bitte zahle in Zukunft diesen Unterhalt bis zum 3. Werktag
eines jeden Monats. Anderenfalls kann ich den Kindesunterhalt
beim Familiengericht einfordern.

Mit freundlichen Grüßen
Traute

Falls der Vater nicht freiwillig zahlt, muss er verklagt werden. Lassen Sie Ihre Rechtsanwältin prüfen, ob der Vater für den Antrag einen Verfahrenskostenvorschuss leisten kann. Wenn Sie und Ihr Ehemann nur geringes Einkommen haben und die Erfolgsaussicht für Ihren Antrag gut ist, erhalten Sie für den Antrag Verfahrenskostenhilfe.

Ist Ihr Kind jünger als zwölf Jahre und zahlt der Vater nicht, können Sie einen Teil des Unterhaltes monatlich von der Unterhaltsvorschusskasse beim Jugendamt erhalten, dies jedoch für maximal sechs Jahre. Erhält der Vater Arbeitslosengeld I, Krankengeld oder eine Rente, gibt es noch einen einfacheren Weg: den Antrag auf Abzweigung. Damit brauchen Sie weder vor Gericht zu klagen, noch später gegen den Vater zu vollstrecken. Sie erhalten einen Teil des Arbeitslosengeldes I, Krankengeldes oder der Rente unmittelbar vom öffentlichen Leistungsträger. Dies gilt allerdings nicht für Unterhaltsrückstände.

Um die Abzweigung des Unterhaltsbetrages zu erreichen, müssen Sie bei der Agentur für Arbeit, der Krankenkasse oder der Rentenversicherung, möglichst unter Angabe der Versicherungsnummer Ihres Ehemannes, jedenfalls seines Geburtsdatums, einen Antrag stellen, die monatlichen Unterhaltszahlungen direkt an Sie zu überweisen. Ihr Ehemann erhält dann nur den verbleibenden Rest. Dieses Verfahren gilt sowohl für den Kindesunterhalt als auch für Ihren eigenen Unterhalt, dann aber nur bis zur Scheidung. Für den Abzweigungsantrag nach § 48 Sozialgesetzbuch I gibt es Formulare bei den Leistungsträgern. Schneller geht es, wenn Sie einen entsprechenden Brief schreiben:

Traute Stark
Am Burggraben 13
10557 Berlin

Agentur für Arbeit Hamburg
Kurt-Schumacher-Allee 16
20097 Hamburg   *Berlin, den...........*

Abzweigung nach § 48 SGB
Robert Stark, Am Markt 7, 20357 Hamburg
Geburtsdatum..........., Stamm-Nr.:..................

Hiermit stelle ich den Antrag, von der laufenden Leistung an meinen Ehemann Robert Stark (Arbeitslosengeld I oder Unterhaltsgeld) für mich und meine Kinder
Ulla, geb. am...
Michael, geb. am...
den Unterhalt in angemessener Höhe abzuzweigen.
Meine Konto-Nr. lautet. ... bei der Sparkasse... BLZ... .

Mit freundlichen Grüßen
Traute Stark

Falls Sie bereits ein Unterhaltsurteil oder ab dem 1.9.2009 einen Unterhaltsbeschluss haben, können Sie statt »in angemessener Höhe« schreiben »in Höhe des titulierten Betrages, siehe Fotokopie«.

Was kann ich tun, wenn die Unterhaltshöhe geändert werden soll?

Die Höhe des Kindesunterhaltes kann sich aus vielen Gründen ändern:
- Das Kind kann in eine andere Altersstufe kommen.
- Die Unterhaltstabellen haben sich geändert.
- Das Einkommen des Vaters hat sich geändert.
- Andere Unterhaltspflichten des Vaters sind entfallen.

Eine Abänderung des Unterhalts, zu der der Vater nicht freiwillig bereit ist, können Sie nur mit einem Antrag bei Gericht erreichen. In diesem Antrag müssen Sie vortragen, welche Umstände früher vorlagen und was sich inzwischen geändert hat. Sie müssen nachweisen, dass die Grundlagen für die Unterhaltsberechnung sich derart verändert haben, dass Sie nun für Ihr Kind einen um mindestens zehn Prozent höheren Unterhaltsbeitrag verlangen können. Beruht die Erhöhung des Unterhalts entweder auf einer Änderung der Düsseldorfer Tabelle oder der Einstufung in eine höhere Altersstufe, gilt die 10%-Hürde nicht.

Auch der Vater hat ein Recht, den Unterhalt abändern zu lassen, z.B. wenn er weniger verdient, wenn er arbeitslos wird oder für weitere Kinder zahlen muss.

Wann muss ich Unterhalt für die Kinder zahlen?

Wenn Ihr Ehemann von Ihnen verlangt, dass Sie sich ebenfalls am Barunterhalt für Ihre Kinder beteiligen sollen, obwohl Sie die Kinder betreuen, so ist diese Forderung ungerechtfertigt. Dabei spielt es keine Rolle, ob Sie ganztägig berufstätig sind und die Kinder in einer Kindertagesstätte oder von einer Tagesmutter betreut werden. Es ist nicht relevant, wann Sie Ihre Betreuungsleistung für das Kind erbringen. Sie kann auch in den Abendstunden oder am Wochenende erfolgen. Erst wenn Ihr Kind volljährig ist, müssen Sie sich je nach Leistungsfähigkeit am Barunterhalt beteiligen. Wenn die Kinder beim Vater leben, vertauschen sich auch die Rollen in finanzieller Hinsicht. Sie müssen dann nach den oben beschriebenen Grundsätzen Unterhalt für Ihre Kinder entsprechend Ihrer monatlichen Einkünften zahlen.

Hinweis: Sie können für Ihr Kind nicht auf seinen Unterhaltsanspruch verzichten. Möglich ist allerdings, dass Sie sich in einem Scheidungsfolgenvergleich verpflichten, den Vater von Unterhaltsansprüchen des Kindes freizuhalten. Diese Abmachung bedeutet jedoch, dass Sie in Zukunft immer an Stelle des Vaters für den Kindesunterhalt aufkommen müssen. Bevor Sie eine solche weitgehende Vereinbarung treffen, sollten Sie sich unbedingt anwaltlich beraten lassen.

4. KINDER, DIE VOR ODER NACH DER SCHEIDUNG GEBOREN WERDEN

Wird Ihr Kind bis zur Rechtskraft der Ehescheidung geboren, gilt es zunächst als eheliches Kind Ihres Ehemannes. Diese gesetzliche Vermutung ist unabhängig von der tatsächlichen Vaterschaft.

Wird Ihr Kind nach Rechtskraft Ihrer Scheidung geboren, ist es nicht ehelich. Selbst wenn Ihr Kind von dem nun geschiedenen Ehemann abstammt, gilt er nicht als Vater und muss daher auch keinen Unterhalt für Ihr Kind zahlen. Er kann aber die Vaterschaft mit Ihrer Zustimmung anerkennen. Verweigert er dies, können Sie seine Vaterschaft vom Familiengericht feststellen lassen. Die Vaterschaftsanerkennung oder gerichtliche Feststellung der Vaterschaft ist Voraussetzung dafür, dass er Ihrem Kind Unterhalt schuldet.

Sind Sie bei der Geburt Ihres Kindes wieder verheiratet, gilt Ihr neuer Ehemann als Vater, egal ob das Kind wirklich von ihm abstammt. Die Ehelichkeit kann von Ihnen, Ihrem Ehemann oder dem Kind angefochten werden.

5. ANFECHTUNG DER EHELICHKEIT DES KINDES

Wenn bei der Geburt Ihres Kindes noch kein Scheidungsverfahren eingeleitet ist, können Sie, das Kind, Ihr Ehemann oder der leibliche Vater die Vaterschaft nur in einem gerichtlichen Verfahren anfechten. Das Anfechtungsrecht des leiblichen Vaters ist jedoch ausgeschlossen, wenn zwischen dem Kind und Ihrem Ehemann (Scheinvater) eine enge familiäre Bindung besteht.

Zuständig für den Anfechtungsantrag ist das Familiengericht. Der Antrag muss innerhalb von zwei Jahren erhoben werden, nachdem der jeweilige Antragsteller die Umstände erfahren hat, die gegen eine Ehelichkeit des Kindes sprechen.

Ihr Kind hat außerdem bei Eintritt in die Volljährigkeit für zwei Jahre ein eigenständiges Anfechtungsrecht, wenn sein gesetzlicher Vertreter zu Zeiten seiner Minderjährigkeit die Anfechtung unterlassen hat.

6. ANERKENNUNG DER VATERSCHAFT

Wird Ihr Kind in der Zeit zwischen Scheidungsantrag und Rechtskraft der Ehescheidung geboren, gelten Besonderheiten. In diesem Fall kann der Erzeuger Ihres Kindes bei einer Notarin oder beim Jugendamt die Vaterschaft anerkennen. Wenn Sie und Ihr »Noch-Ehemann« der Anerkennung zustimmen, wird die Vaterschaftsanerkennung mit Rechtskraft der Ehescheidung wirksam. Diese Zustimmung muss aber öffentlich beglaubigt werden. Alle Beteiligten können sich damit eine kostspielige Anfechtung der Ehelichkeit in einem späteren Gerichtsverfahren sparen. Die Anerkennung kann vom Erzeuger bis zu einem Jahr nach Rechtskraft der Ehescheidung erklärt werden.

Wählen die Beteiligten diesen Weg nicht, so kann die Vaterschaft nur noch in der oben beschriebenen gerichtlichen Weise angefochten werden.

IV. Kapitel

Ehegattenunterhalt in der Trennungszeit

Die Trennungszeit beginnt, wenn keine Lebensgemeinschaft mehr
mit Ihrem Ehemann existiert. Während des Zusammenlebens wirtschaften Eheleute meist gemeinsam, d.h., sie haben häufig ein Ge-
meinschaftskonto oder die Begleichung anfallender Kosten wie Miete,
Lebensmittel, Aufwendungen für die Kinder erfolgt nach Absprache
von getrennten Konten. Eine Trennung beendet dieses gemeinsame
Wirtschaften unabhängig davon, ob eine Seite auszieht oder Sie sogar innerhalb der Ehewohnung getrennt leben (siehe Kapitel I »Was
heißt Getrenntleben?«, Seite 13). So hat jeder Ehegatte zunächst nur
die eigenen Einnahmen, wovon Sie aber Ihr eigenes sowie das Leben
Ihrer Kinder finanzieren müssen. Die Trennungszeit endet mit der
Rechtskraft des Scheidungsbeschlusses.

Wenn Sie zum Zeitpunkt der Trennung allerdings keine oder nur
geringe Einkünfte haben, steht an erster Stelle Ihr Ehemann, der für
Ihren Unterhalt aufkommen muss. Es ist dann der sogenannte Trennungsunterhalt zu fordern. Als unterhaltsbedürftig gelten Sie, wenn Ihr
Lebensstandard entsprechend den ehelichen Lebensverhältnisse nicht
gesichert ist. Möglichst bereits vor der Trennung, spätestens aber bei
Trennung sollte zudem geprüft werden, ob Sie Unterhaltsansprüche gegen den getrennt lebenden Ehegatten geltend machen können.

Da Sie mindestens ein Jahr getrennt leben müssen, bevor die
Scheidung eingereicht oder gar ausgesprochen werden kann, sollen
Sie in diesem Jahr die Möglichkeit haben, Ihre bisherige Lebensfüh-
rung beizubehalten. Schließlich sollen Sie in dieser Zeit nach dem
Willen des Gesetzgebers noch einmal überlegen und prüfen, ob die
Trennung endgültig sein soll oder die Ehe doch fortgesetzt werden
kann. Der Unterhalt für diese Zeit soll sich deshalb nach den eheli-
chen Lebensverhältnissen richten.

Sie sollten sich so früh wie möglich vor oder zu Beginn einer Trennung von einer Anwältin über Ihre Ansprüche und deren mögliche Höhe beraten lassen und auch darüber, welche Schritte Sie unternehmen sollten, um selbst erwerbstätig zu werden oder von anderer Seite Unterstützung zu bekommen. Das Gleiche gilt, wenn Sie befürchten, selbst Trennungsunterhalt zahlen zu müssen.

1. MUSS MEIN MANN MIR WÄHREND DER TRENNUNGSZEIT UNTERHALT ZAHLEN?

Wenn Sie während des Zusammenlebens mit Ihrem Ehemann die Kinder betreut haben und nur geringfügig oder gar nicht erwerbstätig waren, wurden die ehelichen Lebensverhältnisse von dem Einkommen Ihres Ehemannes geprägt, sodass Sie zu Beginn der Trennung nicht verpflichtet sind, sich nach einer Erwerbstätigkeit umzusehen. Verdienen Sie zu Beginn der Trennung kein oder wenig Geld oder ist Ihnen eine Berufstätigkeit z.B. aus Alters- oder Krankheitsgründen überhaupt nicht zumutbar, muss Ihr Ehemann für Ihren Unterhalt aufkommen. Waren Sie allerdings schon während der Ehe erwerbstätig und sind arbeitslos geworden, müssen Sie sich sofort nach der Trennung wieder neu bewerben. Üben Sie schon eine Tätigkeit aus, dürfen Sie diese nicht ohne Weiteres aufgeben. Sollten Sie weniger verdienen als Ihr Mann, steht Ihnen nach Trennung ein Unterhaltsanspruch zu.

Je länger Sie getrennt leben, desto stärker wird von Ihnen erwartet, dass Sie sich auf die veränderte Lage einstellen und Ihre eigene Erwerbstätigkeit vorbereiten oder aufnehmen. Spätestens nach Ablauf des ersten Trennungsjahres müssen Sie sich sogar intensiv um einen Arbeitsplatz oder eine Umschulungsmaßnahme kümmern, wenn Sie dazu in der Lage sind und Ihnen eine Arbeitsaufnahme zumutbar ist. Ist das nicht der Fall und verdient Ihr Ehemann ausreichend, haben Sie auch weiterhin einen Anspruch auf Trennungsunterhalt.

Die Höhe des Unterhaltes hängt immer von den beiderseitigen Einkommensverhältnissen ab. Sind diese nicht oder nur unvollständig bekannt, sollten Sie zunächst Auskunft über deren Höhe verlangen. Die Forderung nach Auskunftserteilung über Einkommen und Vermögen kann verbunden werden mit einer konkreten Unterhaltsforderung, die nach Auskunftserteilung noch korrigiert werden kann. Diese Forderung sollte vorsorglich nicht zu gering sein, denn nur in dieser Höhe kann der Unterhalt dann nachträglich gefordert werden. Unterhalt kann rückwirkend nur geltend gemacht werden, wenn Sie den Ehemann rechtzeitig schriftlich zur Zahlung von Unterhalt aufgefordert haben. Es ist deshalb sehr wichtig, dass gleich zu Beginn des Getrenntlebens Auskunft über die Einkommensverhältnisse verlangt wird. Dies sollten Sie schriftlich tun.

Achtung: Sie gefährden Ihren Unterhaltsanspruch, wenn Sie mit Ihrem neuen Freund zusammenziehen.

So wird gegen Ihre Unterhaltsforderung bei Trennung oftmals der Einwand der Verwirkung erhoben. Hierbei kann Ihr Ehemann behaupten, dass Sie »aus der intakten Ehe ausgebrochen« sind, um mit Ihrem Freund zusammenzuwohnen. Wegen dieses schwerwiegenden Fehlverhaltens Ihrerseits, dieser »nachgewiesenen ehelichen Untreue«, kann die Verpflichtung zur Unterhaltszahlung durch den Ehemann unbillig werden und Ihr Anspruch ist dann möglicherweise vollständig verwirkt.

Die Aufnahme einer nichtehelichen Lebensgemeinschaft nach Trennung schadet dem Unterhaltsanspruch erst nach zwei bis drei Jahren. Allerdings kann Ihre Haushaltstätigkeit für den neuen Partner als fiktives Einkommen bei der Höhe des Unterhaltsanspruches angerechnet werden.

2. DAS EINKOMMEN ALS GRUNDLAGE FÜR DEN UNTERHALT

Die Höhe Ihres Unterhaltsanspruches richtet sich nach dem anrechenbaren Einkommen Ihres Ehemannes sowie Ihres eigenen Einkommens. Als Erstes muss deshalb geklärt werden, welche Einkünfte die Grundlage für die Berechnung bilden. Zu den Einkünften gehören z.b.:

- Arbeitseinkommen einschließlich Sonderzahlungen wie Weihnachts- und Urlaubsgeld,
- Überstundenvergütung, Nacht- und Feiertagszuschläge,
- Pensionen und Renten aller Art wie z.b. Renten wegen Erwerbsminderung, Berufsunfähigkeit oder Alter,
- Einkünfte aus Nebentätigkeit und Geringfügigkeitsjobs und Krankengeld,
- Arbeitslosengeld,
- Gewinnausschüttungen,
- Entnahmen bei Selbständigen,
- Mieteinnahmen,
- Einkünfte aus Kapitalvermögen wie Zinsen und Dividenden.

Bei Arbeitslosengeld II (»Hartz IV«) und Pflegegeld handelt es sich nicht um Einkommen.

AUSKUNFTSANSPRUCH

Viele Ehefrauen wissen nicht, was ihre Ehemänner verdienen. Viele Männer halten ihre Frauen bewusst im Unklaren über ihr Einkommen und geben ihnen nur Haushaltsgeld. Wenn Sie Ihre Trennung vorbereiten, sollten Sie sich die Kontoauszüge und Verdienstbescheinigungen bzw. Einkommensbelege Ihres Mannes ansehen und sich Fotokopien machen. Nutzen Sie auch Ihre Informationschance beim Antrag auf Lohnsteuerjahresausgleich bzw. bei der Einkommensteuererklärung. Diese Formulare müssen bei gemeinsamer Veranlagung von Ihnen beiden unterschrieben werden. Dabei sollten Sie nicht das Blankoformular unterschreiben, sondern nur den vom Ehemann vollständig ausgefüllten Antrag. Hier haben Sie spätestens eine Möglichkeit, das gesamte Einkommen Ihres Ehemannes im abgelaufenen Kalenderjahr zu erfahren. Deshalb machen Sie sich von allem Fotokopien. Wie bereits oben erwähnt, haben Sie ohnehin grundsätzlich das Recht, sich von Ihrem Ehemann die Belege über sein gesamtes Brutto- und Nettoeinkommen vorlegen zu lassen. Gibt er diese Unterlagen nicht freiwillig heraus, können Sie gegen ihn einen Antrag auf Auskunft stellen.

EINKOMMEN BEI ABHÄNGIG BESCHÄFTIGTEN
Das Nettoeinkommen Ihres Mannes wird anhand seiner Verdienstbescheinigungen bzw. Bezügemitteilungen der letzten 12 Monate ermittelt, wenn er Arbeitnehmer oder Beamter ist. Die einzelnen Nettobeträge einschließlich aller Sonderzuwendungen, Tantiemen, etc. werden zusammengerechnet und durch 12 geteilt. Dann erhält man das durchschnittliche monatliche Nettoeinkommen.

Netto bedeutet, dass vom Bruttoeinkommen Lohn- und Kirchensteuern, Solidaritätszuschlag sowie Sozialversicherungsbeiträge abgezogen sind. Zahlt Ihr Mann Krankenkassenbeiträge selbst oder Beiträge zur Rentenversicherung gesondert, müssen diese noch von dem errechneten Nettoeinkommen abgezogen werden.

Nicht zum Einkommen gehören das staatliche Kindergeld und der Arbeitgeberzuschuss zu vermögenswirksamen Leistungen. Leistungen wie Arbeitslosengeld II, Grundsicherung und Sozialhilfe (»Hartz IV«) gelten nicht als Einkommen.

Abfindungen aus Anlass der Beendigung des Arbeitsverhältnisses können auf die einzelnen Monate umgerechnet und dem Einkommen hinzugerechnet werden. Dabei kommt es aber darauf an, für welchen Zeitraum sie gezahlt und wie sie verwendet wurden. Auch die Höhe spielt eine Rolle. Wird die Abfindung für Investitionen oder Geldanlagen eingesetzt, kann sie statt bei der Unterhaltsberechnung bei der Vermögensauseinandersetzung und/oder im Zugewinnausgleich eine Rolle spielen.

Wird Ihrem Mann von seiner Firma ein Pkw zur Verfügung

gestellt, den er auch privat nutzen kann, so sind die Kosten hierfür oft Gehaltsbestandteil und tauchen in der Gehaltsabrechnung auf. Für Ihren Mann bedeutet die Pkw-Nutzung einen geldwerten Vorteil. Anhand des Listenpreises und der konkreten Nutzung des Fahrzeuges kann der Nutzungsvorteil errechnet werden. Die Beträge in der Gehaltsabrechnung sind nicht immer ausschlaggebend. Bei der Berechnung sollten Sie Ihre Anwältin einschalten.

Einkommen selbständig Tätiger

Ist Ihr Mann selbständig als Alleinunternehmer, Gesellschafter einer Personen- oder Kapitalgesellschaft oder als Freiberufler tätig, ist die Ermittlung seines Einkommens schwieriger. Bei Selbständigen gilt als Einkommen der zu versteuernde Gewinn. Von diesem Gewinn werden die im laufenden Jahr angefallenen Steuern abgezogen sowie im angemessenen Rahmen die Beiträge zur Krankenversicherung und Altersvorsorge.

Da die Höhe des Einkommens aus selbständiger Tätigkeit sehr schwankend ist, wird grundsätzlich das Durchschnittseinkommen aus dem Gewinn der letzten drei vollständigen Wirtschaftsjahre ermittelt, wobei dieser Zeitraum von dem letzten Jahr zurückgerechnet wird, für welches ausreichende Einkommensunterlagen vorliegen. Sie können von Ihrem Mann die Unterlagen hierüber verlangen, also Bilanzen, Gewinn- und Verlustrechnungen oder die Einnahme- und Überschussrechnungen, immer die der letzten drei Jahre, sowie Steuerbescheide und Steuererklärungen.

Nach dem Steuerrecht gibt es für einen Selbständigen viele Möglichkeiten, seinen Gewinn in gesetzlich erlaubter Weise vor der Versteuerung dadurch zu verkleinern, dass er in den Betrieb investiert, Abschreibungen auf vorhandenes Betriebsvermögen oder auf eine Eigentumswohnung/ein Haus vornimmt oder Teile des privaten Verbrauches (Pkw, Reisen) steuerlich einkommensmindernd absetzt. Dies wird aber unterhaltsrechtlich anders gewertet. Nicht jede steuerrechtlich zulässige Einkommensminderung wird unterhaltsrechtlich akzeptiert. Sie sollten deshalb die Zahlen und einzelnen Posten aus der vorgelegten Gewinnermittlung von Ihrer Anwältin prüfen lassen. Der Selbständige kann häufig mehr Unterhalt leisten, als es nach seinem zu versteuernden Gewinn den Anschein hat.

Falls der Gewinn aus den vergangenen Zahlen erheblich niedriger ist, als Ihr bisheriger Lebensstandard vermuten lässt, raten wir Ihnen dringend, eine Aufstellung über Ihren bisherigen Lebensaufwand zu machen. Unter Umständen kann die Höhe Ihres Unterhaltes nämlich auch nach den Entnahmen aus dem Geschäft und nach dem bisherigen Lebenszuschnitt geschätzt werden. Auch hier kann Ihr Mann mit einer Auskunftsklage gezwungen werden, die Höhe seines Einkommens und seiner Entnahmen bekannt zu geben und zu belegen.

3. WAS KANN VOM EINKOMMEN ABGEZOGEN WERDEN?

Nach Abzug von Steuern und Sozialversicherungsbeiträgen können folgende Ausgaben vom Nettoeinkommen Ihres Mannes abgezogen werden:
• Fahrtkosten zur Arbeitsstätte,
• Gewerkschaftsbeiträge,
• notwendige berufsbedingte Aufwendungen (konkret oder pauschal je nach den Richtlinien des maßgeblichen Oberlandesgerichtes),
• Altersvorsorgebeiträge zusätzlich zu den 19,9 % für die gesetzliche Rentenversicherung bis zu 4 % des Bruttoeinkommens.

ABZUG FAMILIENBEDINGTER SCHULDEN
Das für den Unterhalt einzusetzende Einkommen Ihres Mannes muss weiter um die monatlichen Beträge gekürzt werden, mit denen Ihr Mann Schulden abträgt, die während der Ehe eingegangen wurden. Hierbei handelt es sich vorwiegend um die Abtragung von Krediten für Immobilien und Anschaffungsdarlehen.

Schwierig ist hierbei oft die Berechtigung des Abzugs von Kreditraten für einen Pkw. Diese werden nicht angerechnet, wenn eine Kilometerpauschale für Fahrten zur Arbeit abgezogen wird. Im Übrigen spielt eine Rolle, zu welchem Zweck das Fahrzeug angeschafft wurde und wer von Ihnen es nach der Trennung nutzt.

Musste Ihr Mann nach der Trennung einen Kredit aufnehmen, um sich notwendigen Hausrat anzuschaffen, sind auch die Raten für diesen Kredit abzugsfähig. Die Notwendigkeit muss er beweisen, wenn Sie ihm diese nicht glauben.

Sie müssen aber nicht alle Darlehensverpflichtungen Ihres Mannes als abzugsfähige ehebedingte Schulden anerkennen. Wenn Ihr Mann noch Schulden aus einer früheren Ehe oder Beziehung abzahlen muss, sind diese möglicherweise ohne Einfluss auf das anrechenbare Einkommen für den Unterhalt. Hat allerdings die Tilgung der früheren Schulden die ehelichen Lebensverhältnisse geprägt, so sind die monatlichen Raten auch weiterhin abziehbar. Hat sich Ihr Mann ohne Ihr Einverständnis eine Taucherausrüstung oder ein teures Auto auf Kredit angeschafft und nimmt er diese Sachen nach der Trennung mit, sind diese Schulden bei der Höhe des Unterhaltes nicht zu berücksichtigen. Wenn solche Schulden in einen Kredit eingeflossen sind, der im Rahmen einer Umschulung aufgenommen wurde, müssen sie herausgerechnet werden.

4. BERECHNUNG DES UNTERHALTES

Nach dem zurzeit geltenden Recht wird von dem für den Unterhalt einzusetzenden Nettoeinkommen und nach Abzug der monatlichen Raten zur Tilgung familienbedingter Schulden zuerst der Unterhalt der minderjährigen Kinder und ihnen gleichgestellter privilegierter volljähriger Kinder ermittelt. Der Ehegattenunterhalt berechnet sich dann nach folgendem Schema:
- durchschnittliches monatliches Nettoeinkommen Ihres Ehemannes,

- abzüglich berufsbedingter Aufwendungen,
- abzüglich Kosten der Altersvorsorge,
- abzüglich ehebedingter Schulden,
- abzüglich Minderjährigen- und Volljährigen-Schülerunterhalt,
- abzüglich anrechenbares Nettoeinkommen von Ihnen.

Von dem so errechneten Differenzbetrag stehen Ihnen 3/7 zu, wenn Ihr Mann erwerbstätig ist, oder 1/2, wenn er endgültig aus dem Erwerbsleben ausgeschieden ist.

Hier ist allerdings zu beachten, dass Ihrem Mann der so genannte Selbstbehalt verbleiben muss. Es ist also durchaus möglich, dass Ihnen nur ein Teil oder schlimmstenfalls gar kein Unterhalt gezahlt wird, obwohl Ihnen der Anspruch zusteht.

Die Höhe des Selbstbehaltes wird von den Oberlandesgerichten in den Richtlinien festgelegt. Der Betrag ist unterschiedlich hoch je nach Oberlandesgerichtsbezirk und wird alle zwei Jahre aktualisiert. Sie können dies in den jeweiligen Unterhaltsrichtlinien der Oberlandesgerichte nachlesen. Mit Selbstbehalt oder Eigenbedarf wird der Betrag bezeichnet, der Ihrem Ehemann für seinen Lebensunterhalt verbleiben muss. Er liegt zurzeit zwischen 900 Euro und 1.000 Euro bei Erwerbstätigen.

Sind die Kindes- und Ehegattenunterhaltsansprüche höher als der Betrag, der nach Berücksichtigung des Selbstbehalts noch für den Unterhalt zur Verfügung steht, wird eine sogenannte Mangelfallberechnung durchgeführt. Es wird dann für die Kinder und für Sie das Einkommen bis zur Selbstbehaltgrenze prozentual aufgeteilt. Da diese Berechnung kompliziert ist, sollten Sie dies mit Ihrer Anwältin besprechen.

Sollte Ihr Ehemann mehrere minderjährige Kinder zu versorgen haben, reicht sein Einkommen bei engen wirtschaftlichen Verhältnissen oftmals nicht aus, um alle Unterhaltsansprüche zu decken. Zudem kann es gelegentlich passieren, dass der Ehemann nach der Trennung nicht nur seine Erstfamilie unterstützen muss, sondern sich gleichzeitig noch um eine weitere »neue« Familie zu kümmern hat, z.B. ein Kind aus einer neuen Beziehung und dessen Mutter. In solchen Fällen raten wir Ihnen, rechtzeitig staatliche Leistungen wie Wohngeld, Arbeitslosengeld II und Ähnliches zu beantragen. Das eben Geschilderte soll verdeutlichen wie wichtig es ist, dass Frauen in der Ehe beruflich eigenständig bleiben.

Hinweis: Wenn Sie Ihren Unterhalt während der Trennung z.B. durch ein Urteil/Beschluss gerichtlich haben festsetzen lassen, müssen Sie beachten, dass dieser Unterhaltstitel nach der Scheidung hinfällig wird. Für den nachehelichen Unterhalt brauchen Sie einen neuen Unterhaltstitel.

V. Kapitel

Wann erhalte ich Leistungen vom Staat?

Wenn Sie weder durch eigene Berufstätigkeit noch durch Unterhaltsleistungen, den Lebensunterhalt für sich und Ihre Kinder sichern
können, können Sie staatliche Leistungen in Anspruch nehmen. Das
ist nichts Ungewöhnliches, weil häufig das Geld, mit dem Sie gemeinsam als Familie gerade noch auskamen, für zwei getrennte Haushalte
nicht mehr ausreicht. Viele getrennt lebende oder geschiedene Frau-
en mit Kindern leben ganz oder teilweise von Sozialleistungen, z.B.
weil sie wegen der Kinder nicht voll oder gar nicht arbeiten können,
arbeitslos sind oder weil der Ehemann nicht oder nicht ausreichend
Unterhalt zahlt. Auf staatliche Leistungen haben Sie in dieser Situation einen Rechtsanspruch, Sie sind nicht Bittstellerin.

Staatliche Hilfen gibt es z.B. in Form von:
* Arbeitslosengeld II, auch Hartz IV genannt (für erwerbsfähi-
  ge Menschen zwischen 15 und 65 Jahren),
* Grundsicherung im Alter und bei Erwerbsunfähigkeit (für
  Menschen ab 65 Jahren oder für dauerhaft Erwerbsunfähige),
* Sozialgeld (für Erwerbsunfähige, die mit ALG II-Empfängern
  zusammen leben),
* Sozialhilfe als Hilfe zum Lebensunterhalt (für alleinstehende
  Erwerbsunfähige ohne Grundsicherungsanspruch),
* Wohngeld oder Kinderzuschlag (für Bedürftige ohne An-
  spruch auf andere Sozialleistungen).

Wenn damit zu rechnen ist, dass Sie möglicherweise über einen längeren Zeitraum solche Leistungen beziehen werden, ist es besonders
wichtig, dass Sie gut informiert sind. Es gibt neben Initiativen, die
persönliche Beratung anbieten, auch eine ganze Reihe kostenloser

oder sehr günstiger Broschüren, die die Rechte von Empfängern staatlicher Leistungen gut verständlich darstellen (z.b. beim Bundesministerium für Arbeit und Soziales, der Arbeitsagentur, bei den Verbraucherzentralen oder auf entsprechenden Internetseiten).

1. ARBEITSLOSENGELD II (ALG II ODER HARTZ IV GENANNT) UND SOZIALGELD

Wenn das Arbeitslosengeld I ausgelaufen ist oder wenn kein Anspruch darauf besteht, wird von der Bundesagentur für Arbeit »Grundsicherung für Arbeitssuchende«, das Arbeitslosengeld II, ausgezahlt. ALG II erhalten Hilfebedürftige zwischen 15 und 65 Jahren, die erwerbsfähig sind und in Deutschland leben. In Absprache mit der Arbeitsagentur werden drei Wochen Urlaubsabwesenheit genehmigt, bei Arbeitssuche im europäischen Ausland wird diese Hilfe dort für weitere 3 Monate gezahlt. Als erwerbsfähig gelten Sie, wenn Sie nicht wegen Krankheit oder Behinderung auf absehbare Zeit, voraussichtlich 6 Monate, außerstande sind, unter den üblichen Bedingungen des allgemeinen Arbeitsmarktes mindestens 3 Stunden täglich zu arbeiten. In diesem Sinne erwerbsfähig sind Sie auch, wenn Sie eigentlich arbeiten könnten, dies aber wegen der Kindererziehung zurzeit nicht möglich ist. Auch wenn Sie Angehörige pflegen, gelten Sie als erwerbsfähig, obwohl Sie auch in diesem Fall dem Arbeitsmarkt nicht zur Verfügung stehen. Für alle Erwerbsfähigen gilt, dass sie jede Chance ergreifen müssen, eine Arbeit zu finden.

Leben Sie mit Menschen zusammen, die nicht erwerbsfähig sind, etwa Kinder unter 15 Jahren oder Ihre pflegebedürftige Mutter, erhalten diese *Sozialgeld*. Die Berechnung hierfür erfolgt nach ähnlichen Regelungen wie das ALG II und muss im ALG-Hauptantrag mit beantragt werden.

Angehörige der Mitgliedstaaten der Europäischen Union, die in Deutschland leben, haben ebenfalls einen Anspruch auf ALG II, andere Ausländer nur, wenn sie eine Arbeitserlaubnis besitzen.

Solange die Hilfsbedürftigkeit anhält, gibt es als wichtigste Leistung die »Hilfe zum Lebensunterhalt«, die die laufenden Kosten der Lebensführung decken soll. Sie umfasst die sogenannten Regelleistungen, die Mehrbedarfszuschläge, die Leistungen für Unterkunft und Heizung sowie einmalige Sonderleistungen.

HÖHE DER LEISTUNGEN FÜR EINE BEDARFSGEMEINSCHAFT
Wie bei jeder anderen Sozialleistung, die nicht pauschal gezahlt wird, richtet sich auch die Höhe des ALG II nach Ihrem persönlichen Bedarf. Die Höchstbeträge, auch Regelsätze genannt, werden gesetzlich festgelegt und nach bestimmten Vorschriften an die gestiegenen Kosten angepasst. Je nachdem, ob Sie allein leben oder in einer sogenannten Bedarfsgemeinschaft, sind diese Leistungen unterschiedlich hoch. Zu Ihrer Bedarfsgemeinschaft können z.b. Ihre Kinder, Großeltern, Ihr neuer Partner gehören, wenn diese Personen mit Ihnen in einem Haushalt zusammenleben. Ein bloßes Zusammen *wohnen* z.b. in einer Wohngemeinschaft begründet keine Bedarfsgemeinschaft; entscheidend ist, ob gegenseitige Unterhaltspflichten bestehen.

Die bisherigen Berechnungsgrundlagen für Kinder und erwachsene ALG II-Bezieher wurden im Februar 2010 vom Bundesverfassungsgericht für verfassungswidrig erklärt. Bisher galten für »den Haushaltsvorstand«, die Ehefrau und die Kinder unterschiedliche Prozentsätze des Regelsatzes. Die Bundesregierung muss bis Ende 2010 die Höhe der Leistungen neu berechnen.

ANRECHNUNG VON EINKOMMEN UND VERMÖGEN
Auf die staatlichen Sozialleistungen werden eigene Einkünfte aus Berufstätigkeit, aus Vermögen oder Unterhaltszahlungen angerechnet. Die Unterscheidung, ob Einkünfte – z.b. eine Rentennachzahlung oder ein geschenkter größerer Geldbetrag – als Einkommen oder als Vermögen einzustufen sind, ist nicht immer eindeutig zu treffen. Sie ist wichtig, weil beispielsweise unterschiedliche Vorschriften und Freibeträge gelten. Lassen Sie sich deshalb im Einzelnen beraten, wir stellen hier nur einige Grundsätze dar.

ERWERBSEINKOMMEN

Wenn Sie erwerbstätig sind, aber nicht viel verdienen, können Sie ergänzend (aufstockend) ALG II mit den unten in Ziffer 2 näher beschriebenen Ergänzungen beantragen. Da Ihr Existenzminimum gesichert sein muss, steht Ihnen mindestens der Betrag zu, den eine Arbeitslose beanspruchen könnte. Deshalb wird Ihr eigenes Nettoeinkommen teilweise auf die ALG II-Leistungen angerechnet. Als Anreiz für Sie, weiterhin berufstätig zu bleiben, gibt es Freibeträge: Bei einem Verdienst unter 400 Euro belaufen sich diese auf pauschal 100 Euro. Verdienen Sie mehr als 400 Euro, können Sie die tatsächlichen Aufwendungen für Versicherungen, Altersvorsorge, Kilometergeld und bis zu 20% des Bruttoeinkommens anrechnungsfrei behalten.

UNTERHALT

Gezahlter Unterhalt wird voll auf Ihren Bedarf angerechnet, außer einer Pauschale von 30 Euro für private Versicherungen. Zahlt Ihr Ehemann den Unterhalt für Sie und/oder Ihre Kinder nicht, können Sie Sozialleistungen in Anspruch nehmen, ohne ihn vorher zur Zahlung auffordern oder gar verklagen zu müssen.

Ausnahme: Wenn Sie einen gerichtlichen Unterhaltstitel oder eine vollstreckbare Vereinbarung zum Unterhalt vorliegen haben, müssen Sie nachweisen, dass Sie Ihren Ehemann zur Zahlung aufgefordert haben und er nicht zahlt. Dies kann am besten durch Kopien Ihres Aufforderungsschreibens oder eines anwaltlichen Briefes geschehen.

Für die Zeiten, in denen Sie Sozialleistungen zur Sicherung Ihres Lebensunterhaltes beziehen, geht der Unterhaltsanspruch unter Umständen auf die Behörde über. Das darf aber nicht dazu führen, dass die Unterhaltspflichtigen dadurch selbst zu Sozialfällen werden. Nur wenn sie leistungsfähig sind, kann die Behörde den übergegangenen Anspruch gegen die Unterhaltspflichtigen gerichtlich durchsetzen. Die Erstattung richtet sich gegen den Ehemann oder Verwandte ersten Grades (Eltern, Kinder), in Ausnahmefällen kann eine Erstattung aber ebenso ausgeschlossen werden.

Sonstige Einkünfte

Das Kindergeld gilt als Einkommen des minderjährigen Kindes und wird voll auf die für das Kind zu zahlenden Leistungen angerechnet. Elterngeld wird zurzeit noch nicht auf ALG II angerechnet, im Rahmen der Sparpläne ist aber für 2010 zumindest eine teilweise Anrechnung geplant. Nicht angerechnet werden Einkünfte aus einem sogenannten Ein-Euro-Job. Diese verbleiben anrechnungsfrei zu Ihrer Verfügung.

Vermögen

Vermögen bezeichnet alles, was einen Geldwert hat und vor Ihrem Antrag auf ALG II schon vorhanden war. Grundsätzlich sind Ihr Vermögen und das der Personen, die mit in Ihrer Bedarfsgemeinschaft leben, auf den ALG II-Anspruch anzurechnen, da staatliche Leistungen nur in finanziellen Notlagen gezahlt werden sollen. Allerdings gibt es »Schonvermögen« und erhebliche Freibeträge, die sich auf eine Summe von 150 Euro pro vollendetem Lebensjahr belaufen. So beträgt das anrechnungsfreie Vermögen einer 65-jährigen maximal 9.750 Euro. Ist Ihr Vermögen für die Altersvorsorge bestimmt, d.h. wird es nicht vor dem Rentenalter ausgezahlt, ist sogar ein Betrag von 750 Euro pro Lebensjahr geschützt. Hinzu kommen 750 Euro als Rücklagen für notwendige Anschaffungen. ALG II Empfänger, die vor dem 1. Januar 1948 geboren sind, haben einen erhöhten Freibetrag in Höhe von 520 Euro pro vollendetem Lebensjahr, maximal jedoch 33.800 Euro. Sollte der Wert Ihres Autos nicht mehr als 7.500 Euro betragen, müssen Sie dies auch nicht verkaufen. Ebenso können Sie eine von Ihnen oder Ihrer Familie bewohnte Eigentumswohnung oder ein Haus behalten, sofern diese Immobilie von angemessener Größe ist. Auch eine Lebensversicherung unter 16.250 Euro muss nicht zurückgekauft werden und staatlich geförderte Riester- oder Rürup-Renten werden ebenfalls nicht angetastet.

Zugewinnausgleichszahlungen

Zahlungen auf den Zugewinnausgleich werden als Einkommen angesehen, wenn das Geld nach Ihrem Antrag ausgezahlt wird. Sie können dann keine Freibeträge geltend machen. Damit Ihnen Ihr Zugewinn nicht durch weitgehende Anrechnung auf das ALG II verloren geht, sollten Sie sich in jedem Fall vor einer Absprache mit Ihrem Ehemann von Ihrer Anwältin beraten lassen, wie Sie die Ausgleichszahlungen am günstigsten gestalten.

Antrag und zuständige Behörde

Staatliche Leistungen werden nur auf Antrag und nur für die Zukunft gewährt. Deshalb ist es wichtig, die Leistungen möglichst früh zu beantragen. Zuständig für die Bearbeitung Ihres Antrags auf ALG II ist die Arbeitsagentur Ihres Wohnortes, die ARGE oder die kommunalen Träger. Es ergeben sich für Sie jedoch keinerlei negative Konsequenzen, wenn Sie Ihren Antrag an einer falschen Stelle abgeben, z.b. bei der Krankenkasse, einem Rentenversicherungsträger oder bei der Polizei. Allein der Zeitpunkt, an dem Sie den Antrag gestellt haben, ist hierbei relevant. Er wird dann an die zuständige Dienststelle zur Bearbeitung weitergeleitet.

Das Antragsformular ist lang und kompliziert, da Sie verpflichtet sind, sehr umfangreiche Angaben zu Ihren persönlichen und wirtschaftlichen Verhältnissen zu machen. Sie können die Formulare entweder persönlich bei der Arbeitsagentur abholen oder aus dem Internet herunterladen. Lassen Sie sich beim Ausfüllen in jedem Fall genügend Zeit und informieren Sie sich im Zweifelsfall bei Arbeitsloseninitiativen oder im Internet. Machen Sie sich eine Kopie, bevor Sie den Antrag einreichen.

Tipp: Die Angaben zu Telefon und E-Mail-Adresse sind freiwillig. Überlegen Sie sich daher, ob Sie lieber per Brief informiert werden wollen oder ob Sie Ihre Kontaktadresse aus Datenschutzgründen nur herausgeben, wenn Sie eine wichtige Nachricht erwarten.

DIE REGELLEISTUNG UND HÄRTEFÄLLE

Die Arbeitsagentur zahlt Ihnen nicht den Betrag, den Sie von Ihrem Ehemann als Unterhalt verlangen können, sondern den sogenannten Regelsatz. Mit diesen Regelleistungen soll Ihr gesamter Bedarf bzw. der Ihrer Bedarfsgemeinschaft vollständig gedeckt werden. Das bedeutet, dass von diesem Geld außer den laufenden Kosten für Lebensmittel, Haushaltsbedarf, Kleidung und Hausrat auch Stromrechnungen und Telefonkosten, Kosmetika, Praxisgebühren und Zuzahlungen für Medikamente, sowie kulturelle Ausgaben wie Museums- oder Kinobesuch bezahlt werden müssen.

In seinem Urteil vom 9.2.2010 hat das Bundesverfassungsgericht entschieden, dass nicht die Höhe, aber die Berechnungsgrundlagen für die Regelleistung verfassungswidrig sind. Auch eine Härteklausel hat das Gericht angemahnt. So ergibt sich z.b. bei Kindern ein höherer Bedarf, wenn sie in der Wachstumsphase häufiger neue Kleidung brauchen. Da sich ebenfalls ihr Freizeitverhalten von dem eines Erwachsenen unterscheidet, kann für ein Kind nicht einfach ein Prozentsatz des Erwachsenenbedarfs angerechnet werden. Im Rahmen der Härtefallregelung können z.b. auch Kranke und Behinderte Zahlungsleistungen für notwendige Medikamente, die die Krankenkasse nicht bezahlt, verlangen und Väter können Fahrt- und Übernachtungskosten für die Wahrnehmung ihres Umgangsrechts einfordern. Lassen Sie sich beraten, wenn solche besonderen Ausgaben bei Ihnen anstehen.

Neben den laufenden Kosten ist der Regelsatz auch für zukünftige oder größere Anschaffungen gedacht. Sie müssen davon Rücklagen bilden, für den Fall, dass Reparaturen notwendig sind oder Sie einen neuen Kühlschrank brauchen. Sind keine entsprechenden Rücklagen vorhanden, können Sie ein Darlehen beantragen, das dann aber mit den laufenden Leistungen um einem Betrag bis zu 10% der Regelleistung verrechnet werden darf. Es ist auch möglich, dass stattdessen Sachleistungen gewährt werden, indem Ihnen z.B. Gutscheine für Möbel ausgehändigt werden.

Mehrbedarfszuschläge

Für werdende Mütter, Alleinerziehende, Behinderte sowie für Menschen, die aus medizinischen Gründen eine besonders kostenaufwendige Ernährung benötigen, gibt es sogenannte Mehrbedarfszuschläge zur Regelleistung. Die Höhe des Zuschlags richtet sich bei Alleinerziehenden nach der Anzahl und dem Alter der Kinder. Er ist auch dann zu zahlen, wenn Sie in einem Frauenhaus leben und andere Personen sich an der Betreuung Ihrer Kinder beteiligen oder wenn Ihre Kinder ganztags in einem Kindergarten untergebracht sind. Als schwangere Alleinerziehende können Sie zwei Mehrbedarfszuschläge beantragen und erhalten durch die Zuschläge maximal die doppelte Regelleistung.

Leistungen für Unterkunft und Heizung

Neben der Regelleistung werden auch die Kosten für Ihre Wohnung inklusive Nebenkosten und Heizkosten in der tatsächlichen Höhe übernommen, soweit sie angemessen sind. Die Angemessenheit der Miete richtet sich nach den örtlichen Verhältnissen und ist von Bundesland zu Bundesland verschieden. Auch für die angemessene Größe gibt es Vorschriften. Sie richtet sich nach der Größe der Bedarfsgemeinschaft, d.h. wenn Sie allein leben, sind 40 bis 50 Quadratmeter angemessen.

Ist Ihre bisherige Wohnung zu groß oder zu teuer, kann die Behörde verlangen, dass Sie mit Ihrer Familie umziehen. Dieser Umzug muss Ihnen aber zumutbar sein. Nach der Trennung von Ihrem Ehemann muss man Ihnen bis zu sechs Monate Zeit geben, sich auf die neue Situation einzustellen. Die Frist beginnt mit der Aufforderung durch die Behörde. Wenn Sie sich entschließen, trotzdem weiter in Ihrer alten Wohnung wohnen zu bleiben, können nach Ablauf dieser Zeit die Leistungen auf die angemessene Höhe gekürzt werden. Dann bekommen Sie für die Wohnung nur so viel Geld, wie Sie für eine kleinere und billigere Wohnung zu beanspruchen hätten. Sie müssen damit rechnen, dass Sie darüber Auskunft erteilen müssen, wie Sie das zusätzliche Geld für die teurere Wohnung aufbringen.

Wenn Sie umziehen, sollten Sie auch die Übernahme der sogenannten Wohnungsbeschaffungskosten beantragen, also die zusätzlichen Kosten für Mietkaution, Maklergebühren, evtl. Abstand etc.
Ist der Umzug auf Veranlassung der Arbeitsagentur oder wegen Fa-
milienzuwachs notwendig geworden, müssen die Kosten für ein Um-
zugsunternehmen ebenfalls übernommen werden. Holen Sie deshalb
immer mehrere Angebote ein und beraten Sie sich vorher mit Ihrem
Sachbearbeiter.

Wohnen Sie in Ihrem eigenen Haus oder in Ihrer Eigentumswohnung, können auch hier die Wohnkosten übernommen werden. Neben Betriebs- und Heizungskosten gehören hierzu die Darlehenszin-
sen, die Grundsteuern, Versicherungsbeiträge etc. Auch diese Kosten
müssen angemessen sein, d.h. es dürfen nicht höheren Kosten anfallen als für eine Mietwohnung.

Einmalige Leistungen

Neben Regelleistung und Mehrbedarfszuschlägen können Sie in bestimmten Situationen zusätzlich einmalige Leistungen beanspruchen.
Diese sind für unvorhersehbare Veränderungen bestimmt, für die Sie
zuvor nicht mithilfe der Regelleistung ansparen konnten.

• Erstausstattung für die Wohnung einschließlich Haushaltsge-
  räte
• Erstausstattung für Bekleidung
• Erstausstattung für Schwangerschaft und für das erste Kind
• Kosten für mehrtägige Klassenfahrten für Schulkinder in tat-
  sächlicher Höhe

Wichtig: Alle Leistungen müssen beantragt werden. Warten Sie, bis
der Antrag bewilligt wurde, bevor Sie etwas bestellen oder kaufen.
Mehrbedarfszuschläge und einmalige Leistungen dürfen nicht als
Darlehen gewährt und mit den laufenden Leistungen verrechnet werden.

2. SOZIALHILFE

Sie können Sozialhilfe in Anspruch nehmen, wenn Sie nicht erwerbsfähig sind und Ihren Unterhalt nicht selbst oder mithilfe Ihrer Familie sichern können. Sozialhilfe umfasst Hilfe zum Lebensunterhalt, Grundsicherung im Alter und bei Erwerbsminderung, Hilfe zur Gesundheit, Eingliederungshilfe für Behinderte etc. sowie Beratung und Unterstützung. Außerdem können Sie in schwierigen Lebenslagen auch als ALG II-Empfängerin Leistungen geltend machen, wenn kein anderer Sozialhilfeträger diese Leistungen gewährt. Im Gegensatz zu ALG II erhalten Sie im Rahmen der Sozialhilfe keine pauschal festgelegten Hilfen, sondern individuelle Leistungen, die auf den Bedarf des Einzelfalles zugeschnitten sind.

Sozialhilfe wird ohne Antrag gewährt, sobald der Träger über Ihre Hilfsbedürftigkeit in Kenntnis gesetzt wird. Zuständig sind die Sozialämter, das Grundsicherungsamt oder die entsprechende Abteilung Ihrer Gemeinde.

HILFE ZUM LEBENSUNTERHALT

Ihr Anspruch auf Hilfe zum Lebensunterhalt umfasst, wie bei ALG II, den sogenannten Regelsatz, eventuellen Mehrbedarf und die angemessenen Kosten für Unterkunft und Heizung (siehe Seite 83). Die Höhe der Beträge kann von den ALG II-Leistungen abweichen, weil sie sich nach den örtlichen Gegebenheiten, z.B. den ortsüblichen Mieten oder den durchschnittlichen Lebenshaltungskosten richtet.

GRUNDSICHERUNG IM ALTER UND BEI ERWERBSMINDERUNG

Nach der Vollendung Ihres 65. Lebensjahres oder wenn aus gesundheitlichen Gründen mit einer Wiederherstellung Ihrer Erwerbsfähigkeit nicht mehr zu rechnen ist, haben Sie Anspruch auf Grundsicherungsleistungen, wenn Sie anders Ihren Lebensunterhalt nicht sichern können. Die Grundsicherung wird ähnlich wie die Sozialhilfe berechnet, Einkommen wie Rente, Unterhalt oder Vermögen werden angerechnet wie bei ALG II (siehe Seite 81). Zusätzlich können Sie

Leistungen zur Alltagsbewältigung, z.B. Haushaltshilfen oder Ähnliches beantragen.

Es gibt allerdings einen wichtigen Unterschied zur allgemeinen Hilfe zum Lebensunterhalt, der Ihnen die Beantragung erleichtern kann: Als Grundsicherungsempfängerin müssen Sie in der Regel nicht befürchten, dass Ihre Eltern oder Kinder zu Erstattungen herangezogen werden. Die Grundsicherung gibt Ihnen eine eigenständige, von Unterhaltsansprüchen unabhängige Existenzsicherung. Nur wenn das Jahreseinkommen einer der Ihnen zum Unterhalt verpflichteten Angehörigen über 100.000 Euro läge, würde die Behörde diese in Anspruch nehmen.

Auch wenn Sie mit einem ALG II-Empfänger zusammen leben und wirtschaften, zählen Sie nicht zu dessen Bedarfsgemeinschaft. Sie stellen selbst einen Antrag und erhalten einen eigenen Bescheid. Bewilligt werden die Leistungen in der Regel für ein Jahr.

HILFEN FÜR BESONDERE LEBENSSITUATIONEN
Über die Hilfe zum Lebensunterhalt und die Grundsicherung hinaus gibt es Hilfen für besondere Lebenssituationen.

Hilfen zur Gesundheit umfassen Leistungen, die von den Krankenkassen nicht übernommen werden, z.B. Kosten für Brillen oder notwendige Medikamente. Weiter gibt es Hilfen zur Überwindung besonderer sozialer Schwierigkeiten. Treten solche z.B. in der Situation der Trennung oder Scheidung auf, bricht etwa Ihr Kind dann die Ausbildung ab und braucht daraufhin besondere persönliche Betreuung und Beratung, können Sie beim Sozialamt Rat einholen.

Auch bei Mietschulden, Wohnungsproblemen, besonderen Pflegekosten oder bei Mehrbedarf in der Schwangerschaft können Sie sich an das Sozialamt wenden.

In diesen und anderen schwierigen Lebenslagen geben auch Familienberatungsstellen, Verbraucherzentralen oder in Hamburg, Bremen und Lübeck die öffentlichen Rechtsberatungsstellen Auskunft und Unterstützung. Entsprechende Internetseiten geben Ihnen ebenso Hinweise und Klarheit über Ihre Rechte.

3. DER KINDERZUSCHLAG

Wenn Ihr Gehalt zwar für Ihren eigenen Lebensunterhalt ausreicht, nicht aber für den Ihrer minderjährigen Kinder, können Sie bei der Familienkasse der Arbeitsagentur einen Antrag auf Kinderzuschlag stellen. Dieser Zuschlag beträgt höchstens 140 Euro und soll verhindern, dass Sie nur wegen Ihrer Kinder zur ALG II-Empfängerin werden und so den dafür geltenden Einschränkungen unterliegen. Voraussetzung für den Erhalt dieser Leistung ist also, dass Sie gerade nicht arm im Sinne des Sozialhilferechts sind, denn sonst würden Sie für sich selbst die ALG II-Regelleistung und für Ihre Kinder je nach Alter Sozialgeld erhalten (siehe Seite 78).

Weitere Voraussetzung für den Kinderzuschlag ist, dass Sie mit Ihren minderjährigen Kindern zusammen in einem Haushalt leben (Bedarfsgemeinschaft) und dass für Ihre Kinder ein Anspruch auf Kindergeld, Kinderzulage, Kinderzuschuss oder Ähnliches besteht. Da der Kinderzuschlag zusammen mit dem Kindergeld und dem auf Ihr Kind entfallenden Wohngeld sich auf den gleichen Gesamtbetrag beläuft wie bei Bezug von ALG II, entfällt durch den Kinderzuschlag Ihre Bedürftigkeit.

Den Kinderzuschlag können nicht nur Eltern oder ein Elternteil beantragen, sondern auch Großeltern, Pflegeeltern oder Stiefeltern, wenn sie mit den Kindern in einem Haushalt zusammen leben. Eigenes Einkommen der Kinder mindert den Anspruch. Wie beim staatlichen Kindergeld gibt es auch für den Kinderzuschlag Grenzen: Verdient das Kind mehr als 7.680 Euro im Jahr, entfällt der Anspruch ganz. Auch zu hohes Einkommen der Eltern mindert den Kinderzuschlag, dabei wird Arbeitseinkommen zum Teil, andere Einkünfte wie z.B. Zinsen oder Vermögen in voller Höhe auf den Bedarf angerechnet.

4. WOHNGELD

Wenn Ihr Einkommen und das Ihrer im Haushalt lebenden Familienmitglieder niedrig ist, Sie aber keinen Anspruch auf Arbeitslosengeld
II haben, können Sie bei der zuständigen Wohngeldstelle Wohngeld
beantragen. Für Bezieherinnen von ALG II werden die Kosten der
Unterkunft bereits zusammen mit den Regelleistungen ausgezahlt.
Wohngeld wird sowohl für gemietete Zimmer und Wohnungen als
auch für Eigenheime und Eigentumswohnungen bewilligt. Weitere
Hinweise finden Sie in Kapitel II »Habe ich Anspruch auf Wohngeld?«, Seite 39.

VI. Kapitel

Ich will mich scheiden lassen

Um das Scheidungsverfahren einzuleiten, benötigen Sie eine Rechtsanwältin. Wie das Scheidungsverfahren abläuft, hängt in erster Linie davon ab, ob Ihr Ehemann mit der Scheidung einverstanden ist oder ob er sich dagegen wehrt.

1. MEIN MANN IST MIT DER SCHEIDUNG EINVERSTANDEN

Der Scheidungsantrag kann bei Gericht eingereicht werden, wenn Sie und Ihr Ehemann seit einem Jahr getrennt leben und Sie beide geschieden werden wollen. Was Getrenntleben in diesem Zusammenhang heißt, lesen Sie in Kapitel I »Was heißt Getrenntleben?«, Seite 13.

Der Scheidungsantrag wird von Ihrer Anwältin bei Gericht eingereicht und Ihrem Ehemann zugestellt. Bis zum Scheidungstermin vor Gericht kann es dann bis zu einem Jahr dauern. Nutzen Sie diese Zeit um mit Ihrem Mann, bei Bedarf auch mit Hilfe Ihrer Rechtsanwältin, alle offenen Fragen zu regeln. Wenn die Familienrichterin die Scheidung aussprechen kann, sollten keine wichtigen Fragen mehr offen sein. Sprechen Sie deshalb mit Ihrem Mann über alle im Zusammenhang mit der Scheidung zu regelnden Punkte:

- das Umgangsrecht mit den Kindern (*Besuchsrecht*),
- den Unterhalt für die Kinder,
- den Unterhalt für Sie,
- die Verteilung des Haushaltes,
- die Zuweisung der bisherigen Ehewohnung (*Entlassung aus dem Mietvertrag*),
- den Zugewinnausgleich,
- die Tilgung gemeinsamer Schulden,
- die Kosten des Scheidungsverfahrens.

Möglicherweise gibt es über viele Punkte zwischen Ihnen und Ihrem Ehemann keinen Streit. Vielleicht ist Ihr Ehemann schon in eine eigene Wohnung gezogen. Sie sind sich darüber einig, bei wem die Kinder bleiben sollen und wann die Kinder den anderen Elternteil besuchen. Es ist dagegen eher die Ausnahme, dass Eheleute die Unterhaltszahlungen auf Dauer selbst miteinander regeln können. Ihre Rechtsanwältin kann Ihnen den von Ihrem Ehemann geschuldeten Unterhalt berechnen. Wenn Ihr Ehemann meint, das Einkommen müsse anders verteilt werden, wird er seinerseits einen Rechtsanwalt zu Rate ziehen. Wenn Sie und Ihr Ehemann sich über die zu regelnden Fragen einig geworden sind, können Sie einen schriftlichen Vertrag schließen, die sogenannte Scheidungsfolgevereinbarung. Die Scheidungsfolgevereinbarung kann von einer Notarin beurkundet werden und dem Gericht als notarielle Urkunde eingereicht werden. In einigen Städten gibt es die Möglichkeit, die Vereinbarung vor einer öffentlichen Vergleichsstelle beurkunden zu lassen. Dieses Verfahren kann für Menschen mit niedrigem Einkommen Kosten sparen.

Wenn Sie sich mit Ihrem Ehemann über alle Punkte einig geworden sind, stimmt er dem Verfahren einfach zu und muss dafür nicht einmal selbst anwaltlich vertreten sein. Das Gericht regelt dann den Versorgungsausgleich und entscheidet zugleich mit der Scheidung darüber.

2. MEIN MANN WILL NICHT GESCHIEDEN WERDEN

Ihr Scheidungswunsch wird sich durchsetzen, ob Ihr Mann will oder nicht, spätestens wenn Sie drei Jahre getrennt gelebt haben. In sehr seltenen Fällen müssen Sie mit einer Trennungszeit von fünf Jahren rechnen. Haben Sie ein Jahr getrennt gelebt und will Ihr Ehemann der Scheidung nicht zustimmen, können Sie bei einigen Familiengerichten damit rechnen, dass die Richterin Ihrem Ehemann Fragen stellt, etwa der folgenden Art:

- Ihre Frau hat sich schon vor einem Jahr von Ihnen getrennt. Sind Sie denn überzeugt, dass sie die eheliche Lebensgemeinschaft mit Ihnen wieder aufnehmen wird?
- Woher nehmen Sie diese Überzeugung?
- Zu einer Ehe gehören zwei; wollen Sie die Ehe allein weiterführen?

Die Fragen der Richterin werden aller Erfahrung nach schließlich dazu führen, dass Ihr Ehemann sich in der Scheidungsverhandlung zu der Formulierung durchringt, er wisse, dass er sich gegen Ihren ernsthaften Scheidungswunsch nicht wehren kann. Das wird der Familienrichterin in aller Regel für ihren Scheidungsausspruch genügen. So sind jedenfalls unsere anwaltlichen Beobachtungen in Hamburg und Umgebung.

Widerspricht Ihr Ehemann der Scheidung, kann die Richterin auf einer 3-jährigen Trennungszeit bestehen. Allerdings wird Ihr Mann dann in Einzelheiten und überzeugend darlegen müssen, warum er die Ehe noch nicht als zerrüttet ansieht und glaubt, dass Sie zu ihm zurückkommen. Nach drei Jahren Trennungszeit wird die Ehe dann geschieden.

Im Gesetz sind noch ganz außergewöhnliche Umstände erwähnt, in denen keine Scheidung erfolgen soll, obwohl die Eheleute schon seit fünf Jahren nicht mehr zusammenleben. Das sind aber so seltenen Ausnahmen, dass wir darauf hier nicht eingehen wollen.

Mit dem Einreichen der Scheidung müssen Sie das Trennungsjahr nicht abwarten, wenn Ihr Ehemann sich so verhält, dass man es nicht anders nennen kann als eine »unzumutbare Härte«, weiter verheiratet zu sein. Solche Gründe können sein:

- Ihr Ehemann bringt seine Freundin mit in die Ehewohnung.
- Sie werden von Ihrem Ehemann wiederholt geschlagen, bedroht oder sehr heftig beschimpft.
- Ihr Ehemann lässt Sie und die Kinder unter seinem Alkoholismus, seiner Tabletten- oder Drogenabhängigkeit oder seiner Spielsucht leiden und unternimmt nichts dagegen.

Wenn er dieses Verhalten abstreitet, müssen Sie Ihre Vorwürfe beweisen können. Auch bei der streitigen Scheidung muss das Gericht den Versorgungsausgleich vornehmen. Die anderen Scheidungsfolgen regelt das Gericht nur, wenn entsprechende Anträge gestellt werden. Wenn Sie Unterhalt für sich (siehe Kapitel VIII, Seite 113) und die Kinder (siehe Kapitel III, Seite 54) beanspruchen, wenn Sie die Wohnung übernehmen möchten (siehe Kapitel II, Seite 31), wenn Sie Haushaltsgegenstände haben wollen (siehe Kapitel X, Seite 137) oder wenn es häufig Streit über das Umgangsrecht (siehe Kapitel III, Seite 50) gibt, bitten Sie Ihre Rechtsanwältin, die entsprechenden Anträge für Sie zu stellen.

Im Gesetz ist ausdrücklich bestimmt, dass die Familienrichterin die Scheidung nur aussprechen soll, wenn gleichzeitig alle beim Gericht laufenden Verfahren über Scheidungsfolgen geregelt werden. Der gesetzestechnische Ausdruck dafür ist »Scheidung im Verbund«. Die Entscheidung im Verbund ist gewöhnlich in Ihrem Interesse, auch aus Kostengründen. Versuchen Ihres Ehemanns, den Verbund auflösen zu lassen und den Scheidungsausspruch vorzuziehen, sollten Sie widersprechen.

3. WELCHE KOSTEN ENTSTEHEN BEI TRENNUNG UND SCHEIDUNG?

BERATUNGSKOSTEN UND KOSTEN FÜR WEITERE ANWALTLICHE TÄTIGKEITEN

Die Kosten für die Tätigkeit Ihrer Anwältin können ganz unterschiedlich sein, je nachdem was sie für Sie tut. Berät sie Sie ausschließlich, ist es sinnvoll, zu Beginn des Beratungsgespräches mit ihr über die Höhe der Vergütung zu sprechen. Festgelegte gesetzliche Gebühren für Beratungen gibt es nicht. Die Anwältin wird Ihnen voraussichtlich ein Pauschalhonorar oder eine Stundenvergütung vorschlagen.

Möglicherweise berät Ihre Anwältin Sie aber nicht nur, sondern wird für Sie im Zusammenhang mit der Trennung oder den

Scheidungsfolgen außergerichtlich tätig, z.B. indem sie an Ihren Ehemann oder an dessen Anwalt schreibt oder mit diesem telefoniert. Dafür gibt es gesetzlich geregelte Gebühren, die sich nach dem Gegenstandswert und der Schwierigkeit Ihres Falles richten. Sie können aber auch mit Ihrer Anwältin eine Honorarvereinbarung treffen, dann gilt diese und nicht die gesetzliche Regelung.

DIE KOSTEN DER SCHEIDUNG

Die Kosten einer Scheidung setzen sich aus Gerichtskosten und Anwaltsgebühren zusammen. Beide sind in Gebührenordnungen festgelegt. Die Höhe richtet sich nach Gegenstandswerten. Gegenstandswert und Gebühren sind nicht dasselbe. Der Gegenstandswert des Scheidungsverfahrens richtet sich nach den 3-monatigen gemeinsamen Nettoeinkommen der Eheleute, beträgt jedoch mindestens 2.000 Euro. Alle Scheidungsfolgesachen, über die das Gericht entscheiden muss, haben zusätzlich einen eigenen Gegenstandswert. Der Gegenstandswert für eine Unterhaltsregelung ist z.B. der Jahresunterhaltsbetrag. Muss das Gericht über die Ehewohnung entscheiden, so beträgt der Gegenstandswert 4.000 Euro.

In der Regel setzt die Richterin die Gegenstandswerte zusammen mit dem Scheidungsbeschluss fest. Deshalb wird Ihre Rechtsanwältin Ihnen auch zu Beginn Ihres Verfahrens nicht genau sagen können, was Ihre Scheidung kostet, da man am Anfang eines Scheidungsverfahrens oft nicht weiß, welche Anträge an das Gericht notwendig sind.

Bei der Kostenberechnung werden die Gegenstandswerte der Scheidung und der Scheidungsfolgesachen zusammengerechnet. Es gilt also die Regel: Je mehr Folgesachen vom Gericht zu entscheiden sind, desto höher ist der Gesamtgegenstandswert und desto höher sind auch die anfallenden Kosten.

Üblicherweise werden die Gesamtkosten des Scheidungsverfahrens zwischen Ihnen und Ihrem Ehemann aufgeteilt. Jeder trägt die Gerichtskosten zur Hälfte und die Kosten seiner Anwältin ganz. Wenn Sie keine Verfahrenskostenhilfe erhalten, müssen Sie für die

Kosten selbst aufkommen. Da wie oben ausgeführt die Kosten vom Einkommen beider Eheleute abhängen, erkundigen Sie sich bei Ihrer Anwältin nach den zu erwartenden Kosten.

Wenn Sie und Ihr Ehemann sich über die Scheidung und sämtliche Scheidungsfolgen einig sind, besteht die Möglichkeit, dass beispielsweise nur Sie eine Rechtsanwältin mit der Einreichung des Scheidungsantrages beauftragen. Es sollte jedoch in diesem Fall ein Vergleich über die Scheidungsfolgen abgeschlossen worden sein, der vollstreckbar ist.

Eine solche Scheidungsfolgevereinbarung kann entweder vor einer Notarin oder auch vor einer öffentlichen Vergleichsstelle abgeschlossen werden.

Bei allen Formen des Scheidungsfolgevergleichs ist es wichtig, zu vereinbaren, dass die Eheleute sich die Kosten des Scheidungsverfahrens einschließlich der Gebühren für die Rechtsanwältin teilen. Enthält der Scheidungsfolgevergleich dazu keine Regelung, so muss der Ehepartner die Rechtsanwältin bezahlen, der sie beauftragt hat.

Die hier aufgezeigte Möglichkeit, ein Scheidungsverfahren mit einseitig anwaltlicher Vertretung durchzuführen, mag aus Kostengründen verlockend sein. Sie birgt jedoch für Sie Gefahren, wenn nur Ihr Ehemann von einer Rechtsanwältin oder einem Rechtsanwalt vertreten wird. Der Rechtsanwalt berät nur Ihren Ehemann und darf Sie nicht gleichzeitig beraten. Aus Unwissenheit oder Angst lässt sich manche Frau auf einen Vergleich ein, der sie benachteiligt und vor dem sie durch eine eigene Anwältin bewahrt worden wäre. Abgesichert sind Sie nur, wenn Sie selbst eine Anwältin Ihres Vertrauens aufsuchen.

4. VERFAHRENSKOSTENHILFE UND BERATUNGSHILFE

Wenn Sie die Kosten Ihrer Scheidung nicht aufbringen können, gibt es die Möglichkeit *Verfahrenskostenhilfe* zu beantragen. Dies bedeutet, dass die Staatskasse die Kosten Ihres Scheidungsverfahrens übernimmt oder jedenfalls vorstreckt. Wenn Sie kein oder nur ein geringes Einkommen haben, werden Sie Verfahrenskostenhilfe bekommen, ohne dass Sie Raten an die Staatskasse zahlen müssen. Ansonsten müssen Sie an die Staatskasse die anfallenden Gebühren in Raten zurückzahlen. Die Höhe der Raten wird vom Gericht festgesetzt. Sie richtet sich nach Ihrem Einkommen.

Der Antrag auf Verfahrenskostenhilfe wird von Ihrer Anwältin zusammen mit dem Scheidungsantrag beim Familiengericht eingereicht. Sie müssen ein Formular ausfüllen und darin Ihre monatlichen Einkünfte und Ihr Vermögen angeben. Wenn Sie ein Vermögen haben, das zurzeit unter 2.600 Euro liegt, brauchen Sie diesen »Notgroschen« nicht anzugreifen, um damit die Scheidungskosten zu zahlen. Die Bewilligung der Verfahrenskostenhilfe hängt dann nur von der Höhe Ihres Einkommens ab.

Von Ihrem Einkommen werden Steuern und Pflichtversicherungsbeiträge, private Versicherungen und berufsbedingte Aufwendungen abgesetzt. Bestimmte Bruchteile der aktuellen Sozialhilfesätze für unterhaltsberechtigte Familienmitglieder mindern als fiktive Aufwendungen Ihr Einkommen. Miete und Heizkosten, zum Teil auch Kreditraten können ebenfalls abgezogen werden. Entsprechend dem Resteinkommen werden vom Gericht keine oder Raten in bestimmter Höhe festgesetzt. Dabei sind höchstens 48 Monatsraten von Ihnen aufzubringen, auch wenn die Verfahrenskosten insgesamt diesen Betrag übersteigen.

Das Gericht kann bis zu vier Jahren ab rechtskräftiger Ehescheidung nachfragen, ob eine Änderung Ihrer wirtschaftlichen Verhältnisse eingetreten ist. Wenn dies der Fall ist, kann die Verfahrenskostenhilfeentscheidung nachträglich entsprechend geändert werden.

Haben Sie selbst keine oder nur geringe Einkünfte, verdient Ihr Ehemann jedoch gut, so muss er Ihnen einen Verfahrenskostenvorschuss zahlen. In diesem Fall erhalten Sie keine Verfahrenskostenhilfe. Haben Sie geringes Einkommen, so können Sie für die außergerichtliche Tätigkeit einer Rechtsanwältin *Beratungshilfe* in Anspruch nehmen. Sie erhalten auf Antrag ein entsprechendes Zeugnis des Amtsgerichtes, aus dem hervorgeht, dass Sie nicht in der Lage sind, die

Anwaltskosten selbst zu zahlen, einen sogenannten Berechtigungs-schein. Auch wenn Ihnen die Beratungshilfe aus der Staatskasse be-willigt worden ist, ist das Gespräch für Sie bei der Anwältin nicht völlig kostenlos, einen Eigenanteil von 10 Euro müssen Sie bezahlen. In den Städten, in denen es öffentliche Beratungsstellen gibt (z.b. Hamburg, Bremen und Lübeck), können Sie für eine anwaltliche Beratung keine Beratungshilfe beantragen. Zuständig für die Rechts-beratung in Hamburg sind die Öffentlichen Rechtsauskunfts- und Vergleichsstelle, in Bremen die Arbeiterkammer. Auch hier müssen Sie einen geringen Selbstkostenanteil tragen.

5. WIE BEREITE ICH DIE SCHEIDUNG VOR?

Für das Beratungsgespräch bei Ihrer Anwältin können folgende Un-terlagen wichtig sein: die Heiratsurkunde, Verdienstbescheinigungen von Ihnen und Ihrem Ehemann, Mietvertrag für die Wohnung, eine Aufstellung über Ihre monatlichen Belastungen, wie z.b. Strom, Hei-zung, Versicherungen, Fahrgeld und Darlehen, auch Belastungen, die ein gemeinsames Haus betreffen, Rentenunterlagen, Policen von Le-bensversicherungen, Einkommensteuerbescheide. Ratsam ist es, sich selbst auch eine Zusammenstellung der Schulden, z.b. Bankkredite, zu machen und die dafür wichtigen Unterlagen zu fotokopieren.

Sie müssen auch wissen, wie viel Ihr Ehemann verdient, wenn Sie einen Unterhaltsanspruch durchsetzen wollen. Außerdem benötigt Ihre Anwältin diese Angaben, um zu prüfen, ob Sie von Ihrem Ehemann ei-nen Verfahrenskostenvorschuss verlangen können. Ehemänner weigern sich aber häufig, über ihr Einkommen Auskunft zu geben. Fotokopie-ren Sie daher seine Einkommensbescheinigung oder sonstige Einkom-mensnachweise, solange Sie noch Zugang dazu haben.

Ein Scheidungsverfahren kann sehr belastend sein. Wenn Sie Hil-fe benötigen, können Sie sich an Frauenberatungsgruppen wenden. Dort können Sie psychische Unterstützung erhalten und wichtige Adressen erfahren.

6. WAS KANN DAS GERICHT VORLÄUFIG REGELN, WENN ICH MICH MIT MEINEM EHEMANN NICHT EINIGEN KANN?

Kommt es zwischen Ihnen und Ihrem Ehemann während des Scheidungsverfahrens zum Streit über wichtige Fragen, die eine eilige Entscheidung erfordern, kann das Gericht über folgende Punkt eine schnelle und vorläufige Regelung treffen:

• die Übertragung des Aufenthaltsbestimmungs- und Erziehungsrechts auf einen Elternteil,
• das Umgangsrecht des anderen Elternteils,
• die Herausgabe der Kinder,
• Unterhalt der Kinder,
• Unterhalt für Sie,
• Benutzung der Ehewohnung und der Haushaltsgegenstände,
• Herausgabe bestimmter Sachen, die die Kinder oder Sie dringend zum persönlichen Gebrauch benötigen,
• Belästigungsverbot,
• Verfahrenskostenvorschuss, den Ihnen Ihr Ehemann für das Scheidungsverfahren leisten muss, wenn er finanziell deutlich besser dasteht als Sie.

Solche vorläufigen Regelungen werden als *einstweilige Anordnungen* bezeichnet. Die Anträge dazu können Sie auch persönlich bei Gericht stellen. Bei der Geschäftsstelle des Amtsgerichtes erfahren Sie, welches Gericht für Ihren Antrag zuständig ist. Die Gerichte sind verpflichtet, Ihnen Auskunft zu geben, Ihren Antrag aufzunehmen und Ihnen bei der Abfassung des Antrages zu helfen. Lassen Sie sich eine Kopie Ihres Antrages vom Gericht mitgeben. Natürlich kann auch Ihre Rechtsanwältin, die Sie im Scheidungsverfahren vertritt, diese Anträge für Sie stellen.

Gibt es Auseinandersetzungen zwischen Ihnen und Ihrem Ehemann darüber, wo die Kinder bleiben und wie die elterliche Sorge geregelt werden soll, so kommt eine einstweilige Regelung des Aufenthaltsbestimmungsrechtes in Betracht. Hier empfiehlt es sich, gleich eine Rechtsanwältin einzuschalten, denn mit der vorläufig getroffenen Regelung werden die Weichen gestellt und bei der Scheidung häufig nicht mehr geändert.

Besteht die Befürchtung, dass Ihr Ehemann die Kinder entführt, gehen Sie sofort zum nächsten Familiengericht. Beantragen Sie eine vorläufige Sorgerechtsregelung mindestens aber eine Aufenthaltsbestimmungsregelung und bleiben Sie solange beim Familiengericht sitzen, bis Sie die Entscheidung in Händen haben. Ist Ihr Ehemann Ausländer und befürchten Sie, dass er Ihre Kinder ins Ausland entführt, so können Sie bei Gericht auch beantragen, die Grenzbehörden anzuweisen, Ihrem Ehemann die Ausreise mit den Kindern zu verweigern.

7. EHEN MIT AUSLANDSBERÜHRUNG

WANN KANN DIE EHE IN DEUTSCHLAND GESCHIEDEN WERDEN?
Sie können sich in Deutschland scheiden lassen,
- wenn Sie und Ihr Ehemann im Ausland leben, aber beide deutsche Staatsangehörige sind;
- wenn Sie als deutsche Staatsangehörige mit einem Ausländer verheiratet sind und seit mindestens sechs Monaten in Deutschland leben;
- wenn Sie und Ihr Ehemann nicht die deutsche Staatsangehörigkeit haben, aber beide hier leben.

Haben Sie beide dieselbe ausländische Staatsangehörigkeit, können Sie im Zweifel wählen, ob Sie eine Scheidung hier oder in Ihrem Heimatland einreichen.

Welches Familienrecht gilt, wenn Sie und Ihr Ehemann verschiedene Staatsangehörigkeiten haben?

Die Möglichkeit, die Scheidung in Deutschland durchzuführen, bedeutet nicht, dass automatisch deutsches Familienrecht gilt. Es ist jedoch möglich, einen notariellen Ehevertrag zu schließen, in dem Sie und Ihr Ehemann vereinbaren, welches Familienrecht (Heimatrecht der Frau oder des Mannes oder des gewöhnlichen Aufenthaltes) für Ihre Ehe gelten soll. Diesen Ehevertrag können Sie vor oder während Ihrer Ehe schließen. Lassen Sie sich von Ihrer Rechtsanwältin beraten, welches Familienrecht für Sie günstiger ist.

Sind Sie z.B. Deutsche und Ihr Ehemann ist Türke oder Sie sind Italienerin und Ihr Ehemann ist Spanier, leben Sie aber mit Ihrem Ehemann in Deutschland, gilt deutsches Familienrecht, unabhängig davon, welche Staatsangehörigkeit Sie haben.

Lebt einer von Ihnen nicht in Deutschland, kommt es darauf an, wo Ihr letzter gemeinsamer Aufenthalt war. War dies in einem anderen Land, und lebt einer von Ihnen noch dort, gilt das dortige Familienrecht. Das bedeutet z.B., dass die deutsche Frau, die mit ihrem türkischen Ehemann zuletzt in der Türkei gelebt hat und jetzt in Deutschland wohnt, nach türkischem Recht geschieden wird, wenn ihr Ehemann noch in der Türkei lebt.

Wenn Sie in Deutschland leben, können Sie die Scheidung in Deutschland einreichen. Nur muss das deutsche Familiengericht dann unter Umständen das ausländische Familienrecht anwenden.

Welches Familienrecht gilt, wenn Sie beide die gleiche ausländische Staatsangehörigkeit haben?

Sind Sie beide Ausländer mit der gleichen Staatsangehörigkeit, gilt für die Scheidung in der Regel Ihr Heimatrecht. Sind Sie z.B. beide türkische Staatsangehörige, gilt türkisches Recht, auch wenn Sie beide in Deutschland leben oder Ihr Ehemann im Ausland lebt. Auch wenn nur Sie inzwischen die deutsche Staatsangehörigkeit erworben haben, gilt nach wie vor türkisches Recht, und Sie können sich in Deutschland scheiden lasssen.

Wir können hier nicht alle Besonderheiten der ausländischen Familienrechtsordnungen darstellen. Wichtig ist, dass Sie sich über Ihr Heimatrecht beraten lassen.

Hier können Sie sich informieren:
In allen großen Städten gibt es Beratungsstellen sowohl für Frauen, die mit Ausländern verheiratet sind, als auch für ausländische Frauen. Das Bundesverwaltungsamt, Informationsstelle für Auslandstätige und Auswanderer, 50728 Köln (Tel.: 01 88 83 58–0, Fax: 01 88 83 58–4829, E-Mail: InfostelleAuswandern@bva.bund.de), erteilt nähere Auskünfte über fast alle ausländischen Scheidungsrechte oder nennt Ihnen Beratungsstellen in Ihrer Nähe.

Der Verband binationaler Familien und Partnerschaften iaf e.V., Ludolfusstraße 2–4, 60487 Frankfurt am Main (Tel.: 069/71 37 560, Fax: 069/70 75 092, E-Mail: info@verband-binationaler.de) klärt deutsche und ausländische Frauen über ihre Rechte auf.

Wonach richten sich die Scheidungsfolgen?
Die Scheidungsfolgen, z.B. Unterhaltsansprüche, Aufteilung der Haushaltsgegenstände oder Versorgungsausgleich, richten sich grundsätzlich nach dem Familienrecht, nach dem Sie geschieden werden. Häufig hat die Frau nach ausländischem Recht weniger Unterhaltsansprüche als nach deutschem Recht. Für güterrechtliche Ansprüche, z.B. auf Zugewinnausgleich, gilt jedoch das bei Ihrer Eheschließung geltende Recht.

Für den Versorgungsausgleich ist Folgendes zu beachten: Bei Eheleuten mit gleicher ausländischer Staatsangehörigkeit, z.B. beide Eheleute sind Türken, und bei Eheleuten mit verschiedener ausländischer Staatsangehörigkeit, z.B. die Ehefrau ist Italienerin und der Ehemann Spanier, ist für die Durchführung des Versorgungsausgleiches ein besonderer Antrag bei Familiengericht erforderlich ist. Diesen sollten Sie immer stellen, wenn Ihr Ehemann in Deutschland sozialversicherungspflichtig gearbeitet und während der Ehe mehr verdient hat als Sie, Sie also ausgleichsberechtigt sind.

Die Entscheidung über das Sorgerecht für die Kinder, die in

Deutschland leben, richtet sich nach deutschem Recht. Haben Ihre Kinder eine ausländische Staatsangehörigkeit und leben sie schon längere Zeit im Ausland, entscheidet das deutsche Gericht mit der Scheidung nicht über das Sorgerecht, sondern überlässt dies dem Land, in dem die Kinder leben, wenn es sich um ein Mitgliedsland des Haager Minderjährigenschutzabkommens handelt. Diesem Abkommen sind inzwischen fast alle Länder der Erde beigetreten. Danach wird immer in dem Land, in dem sich die Kinder aufhalten, über das Sorgerecht gerichtlich verhandelt und entschieden. Welches Familienrecht dieses Land dann anwendet, richtet sich nach dem jeweiligen dortigen Recht.

Der Unterhalt der Kinder, die hier leben, richtet sich immer nach deutschem Recht. Ebenso gilt für Ihren eigenen Unterhaltsanspruch bis zur Ehescheidung deutsches Recht, wenn Sie in Deutschland leben. Anders kann es für den Unterhaltsanspruch nach der Ehescheidung sein: Hier gilt das Familienrecht, nach dem sich die Ehescheidung richtet. Die türkische Frau, die mit einem Türken verheiratet ist, hat also bis zur Ehescheidung einen Unterhaltsanspruch nach deutschem, nach der Ehescheidung einen Unterhaltsanspruch nach türkischem Recht.

Eines sollten Sie noch beachten: Wenn Ihr Ehemann im Ausland lebt und Sie sich in Deutschland scheiden lassen wollen, ist dies meistens kompliziert, weil der Scheidungsantrag Ihrem Ehemann auf diplomatischem Weg zugestellt werden muss. Die Zustellung kann lange dauern. Es entstehen zusätzliche Kosten, z.B. für Übersetzungen. Um Zeit und Kosten zu sparen, kann es sinnvoll sein, wenn Ihr Ehemann in Deutschland ebenfalls eine Anwältin beauftragt oder eine Person in Deutschland bevollmächtigt, die Gerichtspost für ihn in Empfang zu nehmen.

Wir raten Ihnen, in Fällen mit Auslandsberührung schon bei der Trennung oder sogar vor der Trennung eine im Familienrecht geübte Rechtsanwältin, z.B. eine Fachanwältin für Familienrecht, aufzusuchen und sich beraten zu lassen.

Beachten Sie, dass es von den hier aufgezeigten Grundsätzen auch Ausnahmen geben kann, die wir im Rahmen dieses Ratgebers nicht darstellen können.

VII. Kapitel

Was habe ich vom Versorgungsausgleich zu erwarten?

1. WAS IST DER VERSORGUNGSAUSGLEICH?

Durch den Versorgungsausgleich sollen die Altersversorgungsanwartschaften, z.b. Rente, Pension, betriebliche Altersversorgung, Zusatzversorgung der Länder, berufsständische Versicherung und auch Direktversicherung bzw. Lebensversicherung auf Rentenbasis, die während der Ehe erworben wurden, gleichmäßig zwischen den Ehepartnern verteilt werden. Der Versorgungsausgleich hat nichts mit dem Unterhalt zu tun. Ziel des Versorgungsausgleiches ist, dass beide Eheleute aus der Ehe gleich hohe Versorgungsansprüche mitnehmen.

In den Genuss der durch die Scheidung erworbenen Rentenanwartschaften kommen Sie erst, wenn die Voraussetzungen für die Zahlung einer Rente bei Ihnen erfüllt sind. Der Versorgungsausgleich gibt Ihnen, wenn Sie noch keine Rente beziehen, zum Zeitpunkt der Scheidung und für die Zeit danach keine greifbaren Geldmittel in die Hand. Sie sollten ihn jedoch als Scheck für die Zukunft nicht unterschätzen, weil er Ihnen einen eigenen Versorgungsanspruch sichert, den Ihnen niemand streitig machen kann.

2. WIE SIEHT IHRE MITWIRKUNGSPFLICHT AUS?

Über den Versorgungsausgleich wird grundsätzlich zusammen mit der Scheidung entschieden. Das Gericht wird ohne Antrag tätig.

Vom Familiengericht erhalten Sie einen Fragebogen, den Sie sorgfältig ausfüllen müssen, mit Angaben zu Versicherungträger, Versicherungsnummer, Name und Anschrift der Firma, bei der Sie unter

Umständen eine Betriebsrente zu erwarten haben. Sie können sich zur Beschleunigung des Verfahrens beim Ausfüllen der Fragebögen helfen lassen, und zwar bei den Beratungsstellen der Deutschen Rentenversicherung, die in allen größeren Städten Zweigstellen hat oder den Rentenantragsstellen bei den Gemeinden. Oft sind nämlich noch weitere Formulare auszufüllen, z.B. zur Kontenklärung oder für die Berücksichtigung der Kindererziehungszeiten. Wenn alle erforderlichen Rentenunterlagen vollständig und so schnell wie möglich beim Gericht eingereicht werden, kann das Scheidungsverfahren erheblich beschleunigt werden.

Der von Ihrem Ehemann ausgefüllte Fragebogen wird Ihnen bzw. Ihrer Anwältin zugesandt. Prüfen Sie, ob Ihr Ehemann alle Anwartschaften angegeben hat, vor allem, ob er eine Aussicht auf Betriebsrente, eine Lebensversicherung auf Rentenbasis oder eine Zusatzversorgung hat. Weisen Sie das Gericht oder Ihre Anwältin darauf hin, wenn etwas fehlt. Wenn Ihr Ehemann innerhalb der gesetzten Frist den Fragebogen nicht zurückgesandt hat, teilen Sie dem Gericht mit, was Sie über die Arbeitsverhältnisse Ihres Ehemannes, z.B. über Arbeitgeber, Dauer der Beschäftigung, Versicherungsnummer, Krankenkasse und eventuelle Versicherungsverträge wissen. Können Sie hierzu keine Angaben machen, hat das Gericht die Möglichkeit, Ihren Ehemann unter Androhung eines Zwangsgeldes zur Auskunft insbesondere zur Vorlage des ausgefüllten Fragebogens anzuhalten.

Ist alles vollständig, erhalten Sie die Berechnung der Anwartschaften von den Versicherungsträgern sowie den Versicherungsverlauf. Überprüfen Sie, ob die für die Rentenversicherung maßgeblichen Zeiten, das sind z.B. Beschäftigungszeiten, Krankheit, Schwangerschaft, Arbeitslosigkeit in dem Versicherungsverlauf zutreffend wiedergegeben sind. Die korrekte Angabe dieser Daten ist sehr wichtig, weil mit der erteilten Auskunft Ihre bis dahin erworbenen Rentenanwartschaften endgültig festgestellt werden.

3. KANN DIE EHE VOR KLÄRUNG DES VERSORGUNGSAUSGLEICHES GESCHIEDEN WERDEN?

Erfahrungsgemäß dauert es fünf bis sechs Monate, bis die Versicherungsträger den Versicherungsverlauf bearbeitet haben. Dies kann noch länger dauern, wenn Sie oder Ihr Ehemann unvollständige Angaben gemacht oder unvollständige Unterlagen eingereicht haben.

Nur in Ausnahmefällen besteht die Möglichkeit, bereits vor der Klärung des Versorgungsausgleichs geschieden zu werden. Das Familiengericht trennt dann auf Antrag Ihrer Anwältin das Verfahren über den Versorgungsausgleich ab.

Die Abtrennung erfolgt nur, wenn es für Sie unzumutbar ist, auf das Scheidungsurteil so lange zu warten, bis alle Auskünfte zum Versorgungsausgleich eingeholt worden sind. Sind Sie z.b. schwanger von einem anderen Mann und wollen den Vater des Kindes vor der Geburt heiraten, wird das Gericht Sie unter Umständen vorzeitig scheiden, ohne dass über den Versorgungsausgleich gleichzeitig entschieden wird.

Falls Sie und Ihr Ehemann alle erforderlichen Auskünfte zum Versorgungsausgleich gemacht haben und das Scheidungsverfahren bei Gericht schon länger als drei Monate andauert, kann das Gericht bei übereinstimmender Beantragung der Ehepartner die Folgesache Versorgungsausgleich abtrennen.

4. WIE WIRD DER VERSORGUNGSAUSGLEICH DURCHGE-FÜHRT?

Die Durchführung des Versorgungsausgleichs ist im Einzelnen kompliziert. Wir können daher an dieser Stelle nur Grundzüge darstellen.

Jedes Versorgungsanrecht, das die Eheleute während der Ehezeit erworben haben, ist grundsätzlich innerhalb des Versorgungssystems zu teilen (interne Teilung).

Beispiel: Die Ehefrau hat Rentenanwartschaften bei der Deutschen Rentenversicherung Bund erworben. Der Ehemann hat eine private Altersversorgung bei einer Lebensversicherung.

Die interne Teilung führt dazu, dass dem Ehemann bei der Deutschen Rentenversicherung Bund ein Versicherungskonto eingerichtet wird, auf das die Hälfte der auf die Ehezeit entfallenden Rentenanwartschaften der Ehefrau übertragen wird. Die Ehefrau erhält bei der Lebensversicherung des Ehemannes einen eigenen Versicherungsvertrag, auf den wiederum die Hälfte der auf die Ehezeit bezogenen Ansprüche des Ehemannes übertragen wird.

Beide Eheleute behalten also ihre bisherigen Versorgungsträger bei und bekommen zusätzlich Anrechte bei dem Versorgungsträger des Ehepartners.

Haben Sie und Ihr Ehemann beispielsweise verschiedene Altersversorgungen bei der Deutschen Rentenversicherung Bund, einer betrieblichen Altersversorgung und bei unterschiedlichen Lebensversicherungen private Versorgungsverträge wie Riester-Rentenverträge, so kann die Teilung all dieser Versorgungsansprüche zu einer Vielzahl von Versorgungsträgern führen, bei denen Sie sich zu gegebenem Zeitpunkt um die Zahlung Ihrer Altersversorgung kümmern müssen.

In Ausnahmefällen kann von der internen Teilung abgewichen werden. Hierzu müssen sich der ausgleichsberechtigte Ehepartner und der Versorgungsträger einig sein, dass die erworbenen Ausgleichsrechte in ein anderes Versorgungssystem übertragen werden (externe Teilung).

Handelt es sich um kleinere Ausgleichswerte, kann der Versorgungsträger auch ohne Zustimmung des Ausgleichsberechtigten die externe Teilung beantragen.

Wenn Sie also als Ehefrau ausgleichsberechtigt sind, können Sie in den beiden geschilderten Fällen bestimmen, in welche Versicherung die Ihnen zustehenden Ausgleichwerte eingezahlt werden sollen.

Für Beamte und Beamtinnen, die nicht in der Bundesverwaltung arbeiten, gilt zurzeit eine Sonderregelung, die wir hier nicht im Einzelnen darstellen wollen. Der Ausgleich erfolgt durch Begründung von Anrechten bei einem Träger der gesetzlichen Rentenversicherung.

5. VEREINBARUNGEN ÜBER DEN VERSORGUNGSAUSGLEICH

Der Versorgungsausgleich muss nicht in jedem Falle durchgeführt werden. Sie können mit Ihrem Ehemann auch vertragliche Vereinbarungen treffen und dabei die Anrechte aus dem Versorgungsausgleich mit einbeziehen. Im Rahmen eines Ehevertrages oder einer Scheidungsfolgenvereinbarung haben Sie die Möglichkeit, die vermögensrechtlichen Verhältnisse insgesamt zu regeln und dabei auch auf Ihre Anrechte aus dem Versorgungsausgleich vollständig oder teilweise zu verzichten.

Bevor Sie auf den Versorgungsausgleich verzichten oder eine weitgehende Regelung treffen, sollten Sie professionellen Rat aufsuchen. Die Beratung bei einem privaten Rentenberater könnte unter Umständen in dieser Angelegenheit für Sie hilfreich sein, auch wenn dort ein Honorar fällig wird.

Das Gericht hat Ihre Vereinbarung zu überprüfen. Ist die Vereinbarung nicht gesetzeswidrig und sind die getroffenen Regelungen auch zum Zeitpunkt der gerichtlichen Überprüfung noch für beide Ehepartner gerecht, so ist das Gericht an Ihre Vereinbarung gebunden.

Eine Vereinbarung, die Sie vor Einleitung des Scheidungsverfahrens treffen, muss notariell beurkundet sein. Während des Scheidungsverfahrens kann eine solche Vereinbarung ebenfalls notariell beurkundet oder vor Gericht, wenn beide Eheleute anwaltlich vertreten sind, protokolliert werden.

Ein Verzicht auf den Versorgungsausgleich kann dann sinnvoll sein, wenn Sie Altersvorsorgeansprüche in Form von Rentenanwartschaften oder regelmäßig wiederkehrenden Leistungen erworben haben, während Ihr Ehemann als Selbständiger oder Freiberufler Altersvorsorge in Form von Vermögensbildung (z.B. Lebensversicherungen) betrieben hat. In dem Fall wären Sie Ihrem Ehemann ausgleichspflichtig, denn Lebensversicherungen, soweit sie Kapitalversicherungen sind, fallen nicht in den Versorgungsausgleich.

6. WANN WIRD DER VERSORGUNGSAUSGLEICH AUSGESCHLOSSEN?

Wenn Sie der Meinung sind, dass die Durchführung des Versorgungsausgleichs *grob unbillig*, also einfach ungerecht wäre, können Sie bei dem Familiengericht beantragen, den Versorgungsausgleich ganz oder teilweise auszuschließen. Der teilweise Ausschluss bedeutet, dass das Familiengericht nicht den vollen Ausgleichsbetrag, sondern nur einen reduzierten überträgt. Gibt es irgendwelche Anhaltspunkte dafür, dass es in Ihrem Fall ungerecht ist, wenn Sie Rentenanwartschaften an Ihren Ehemann abzugeben hätten, teilen Sie die entsprechenden Tatsachen dem Gericht mit.

Im Nachfolgenden einige Beispiele, warum es grob unbillig sein könnte, den Versorgungsausgleich durchzuführen:

Wenn Sie z.B. berufstätig waren, überwiegend die Kinder versorgt und die ganze Familie finanziell unterstützt haben, während Ihr Ehemann studiert hat, kommt ein Ausschluss oder eine Reduzierung des Versorgungsausgleichs in Betracht.

Bei Gütertrennung kann es unbillig sein, wenn Sie Rentenanteile erworben haben, während Ihr Ehemann als Selbständiger seine Altersversorgung durch Lebensversicherungen auf Kapitalbasis abgesichert hat. In diesem Fall würden die Lebensversicherungen nicht ausgeglichen, da sie nicht in den Versorgungsausgleich fallen. Sie müssten aber die Hälfte Ihrer in der Ehe erworbenen Rentenansprüche abgegeben. Deshalb sollten Sie in diesem Fall beim Gericht einen Antrag stellen, dass der Versorgungsausgleich nicht durchgeführt wird.

Wenn Ihr Ehemann Vermögen erworben oder geerbt hat und dadurch seine Altersversorgung abgesichert hat, ist er nicht auf den Versorgungsausgleich angewiesen

Wenn Ihr Ehemann längere Zeit nicht zum Unterhalt der Familie beigetragen hat, obwohl ihm das möglich gewesen wäre, ist auch ein Ausschluss des Versorgungsausgleichs zu erwägen.

Hat Ihr Ehemann Einfluss auf die Höhe seiner Rentenanwartschaften genommen, indem er z.B. kurz vor der Scheidung sich alle

Einzahlungen aus einer betrieblichen Pensionskasse zurückerstatten ließ, kommt der Ausschluss des Versorgungsausgleichs ebenfalls in Betracht.

Darüber, ob und wie in diesen Fällen der Versorgungsausgleich zwischen Ihnen und Ihrem Ehemann stattfindet, entscheidet allein das Familiengericht. Sie haben nur die Möglichkeit, dem Gericht mitzuteilen, warum Ihrer Meinung nach der Versorgungsausgleich nicht oder nur herabgesetzt vorgenommen werden soll. Wie beim Verzicht wird das Familiengericht in der Regel trotzdem die Auskünfte von den Versorgungsträgern einholen, um zu prüfen, welche Versorgungsanwartschaften erworben wurden.

Nach dem Gesetz kann ein Versorgungsausgleich auch ausgeschlossen sein, wenn nur ein geringer Wert auszugleichen ist (geringfügige Wertdifferenz). Wenn allerdings mehrere geringere Werte auszugleichen wären, kann das wiederum zu einem Versorgungsausgleich führen. Sollte Ihre Ehe kürzer als 3 Jahre gewesen sein, wird ein Versorgungsausgleich nur durchgeführt, wenn einer der Eheleute dies beantragt.

7. AUSGLEICHSANSPRÜCHE NACH DER SCHEIDUNG

Es gibt Versorgungsanrechte, die sich nicht bereits im Verbund mit der Scheidung ausgleichen lassen, sie müssen dann später ausgeglichen werden. Hierbei handelt es sich vor allem um Anrechte bei ausländischen Versorgungsträgern oder um betriebliche Anrechte, die zum Zeitpunkt der Scheidung noch nicht unverfallbar waren. Allerdings gehören hierzu auch solche Ausgleichsansprüche, die aufgrund einer Vereinbarung der Eheleute erst nach der Scheidung ausgeglichen werden sollen.

Der Ausgleich kann dann in Form einer schuldrechtlichen Ausgleichsrente oder einer zweckgebundenen Abfindung erfolgen. Die schuldrechtliche Ausgleichsrente wird fällig, wenn der ausgleichspflichtige

Ehegatte bereits eine laufende Versorgung aus einem noch nicht ausgeglichenen Anrecht bezieht und die ausgleichsberechtigte Person entweder die Regelaltersgrenze der gesetzlichen Rentenversicherung erreicht hat oder die Voraussetzungen für eine Invalidenrente erfüllt.

Achtung: Das Familiengericht entscheidet über die Ausgleichsansprüche nach der Scheidung nur auf Ihren Antrag. Wenn Ihr Ehemann also bei Scheidung Altersversorgungsanrechte besaß, die nicht oder noch nicht beim Versorgungsausgleich mitberücksichtigt werden konnten, müssen Sie bei Vorliegen der soeben genannten Voraussetzungen einen Antrag bei Gericht stellen oder hiermit eine Anwältin beauftragen.

Als ausgleichsberechtigte Person haben Sie das Recht, Ihren geschiedenen Ehemann dazu aufzufordern, Ihnen den Anspruch gegen den Versorgungsträger in Höhe Ihrer Ausgleichsrente abzutreten. So können Sie dann Ihren schuldrechtlichen Ausgleichsanspruch direkt gegenüber dem jeweiligen Versorgungsträger geltend machen.

Eine Ausgleichabfindung von noch nicht bei Scheidung ausgeglichenen Anrechten können Sie von Ihrem Ehemann nur dann verlangen, wenn dies für ihn finanziell zumutbar ist. Eine auf längere Zeit angelegte Ratenzahlung kann eventuelle Finanzierungsprobleme lösen. Sie sind jedoch verpflichtet, die Abfindung zweckgebunden, also zu Altersversorgungszwecken bei einem Versorgungsträger einzuzahlen zu lassen.

Entscheidungen zum öffentlich-rechtlichen Versorgungsausgleich, die ein Familiengericht noch nach dem bis zum 31.8.2009 geltenden Recht getroffen hat, können aufgrund von Übergangsvorschriften bei einer wesentlichen Wertänderung auf Antrag abgeändert werden. Damit wird für Entscheidungen nach altem Recht eine Anpassung gewährleistet. Für Entscheidungen nach dem ab 1.9.2009 geltenden Recht ist eine solche Anpassungsvorschrift nicht mehr notwendig, da durch die Teilung jeder Anwartschaft bereits jeder Ehegatte direkt an den nachträglichen Wertänderungen teilnimmt.

VIII. Kapitel

Wann habe ich Anspruch auf Unterhalt nach der Scheidung?

Nach Scheidung soll jeder Ehepartner selbst für seinen Lebensunterhalt sorgen. Nur wenn er selbst dazu nicht in der Lage ist, hat er unter bestimmten Voraussetzungen gegen den anderen Ehepartner einen Anspruch auf Unterhalt. Seit dem 1.1.2008 sind alle gesetzlichen Unterhaltsansprüche abgeschwächt worden. Das gilt besonders für den neu geregelten Unterhalt wegen Kindesbetreuung. So kann Unterhalt grundsätzlich nur noch bis zum dritten Lebensjahr des Kindes verlangt werden. Zudem werden Unterhaltsansprüche zukünftig sowohl der Höhe nach als auch in zeitlicher Hinsicht verstärkt begrenzt werden. Die Unterhaltsansprüche aus erster und zweiter Ehe werden jetzt gleichbehandelt, wobei sich der Anspruch letztendlich immer nach Billigkeitsgesichtspunkten richtet. Lassen Sie sich aber nicht von vornherein entmutigen, sondern lassen Sie Ihren Unterhaltsanspruch von einer Rechtsanwältin durch das Familiengericht überprüfen. Damit das Gericht zu einer für Sie positiven Einzelfallentscheidung kommen kann, sollte Ihre Rechtsanwältin Ihre persönliche Situation umfassend darstellen.

1. WANN MUSS DER EHEMANN UNTERHALT ZAHLEN?

UNTERHALT WEGEN KINDESBETREUUNG
Solange Ihr Kind das dritte Lebensjahr noch nicht vollendet hat und Sie aus diesem Grund keine Erwerbstätigkeit ausüben können, haben Sie Anspruch auf Ehegattenunterhalt. Im Einzelfall ist dieser Betreuungsunterhalt zu verlängern, sofern dies der Billigkeit entspricht.

Für die Zeit ab Vollendung des dritten Lebensjahres wird nun aber von Ihnen erwartet, dass Sie vorhandene Betreuungsmöglichkeiten z.b. Kindergarten, Hort, Tagespflege und Ganztagsschule nutzen, zumal jede Mutter eines dreijährigen Kindes einen Anspruch auf einen Kindergartenplatz hat.

Der Umfang der Ihnen zugemuteten Tätigkeit hängt ganz davon ab, wie lange Ihr Kind in einer Einrichtung betreut werden kann. Ist Ihr Kind jedoch noch sehr klein und nicht schulpflichtig, wird allenfalls die Aufnahme einer Teilzeitbeschäftigung, maximal einer Halbtagsbeschäftigung, von Ihnen erwartet werden können. Mit zunehmendem Alter und Selbstständigkeit Ihres Kindes wird Ihnen eine weitere Aufstockung Ihrer Tätigkeit bis hin zu einer Vollzeittätigkeit zugemutet werden können. Bei der Betreuung mehrerer Kinder kann sich die Verpflichtung zur Aufnahme einer Erwerbstätigkeit auf einen späteren Zeitpunkt verschieben.

Kindergartenbeiträge oder vergleichbare Aufwendungen für die Betreuung Ihres Kindes in einer kindgerechten Einrichtung sind zusätzlicher Bedarf des Kindes. Sonstige Betreuungskosten können Sie vor Erstellung der Unterhaltsberechnung von Ihrem Verdienst abziehen. Außerdem kann Ihnen bei kleinen Kindern auch ein Betreuungsbonus zuerkannt werden, der die Doppelbelastung durch Berufstätigkeit und Kindesbetreuung ausgleichen soll. Dies gilt vor allem für Mütter, die auch nach dem Gesetz noch nicht zu einer Erwerbstätigkeit verpflichtet wären.

Auch bei besonders betreuungsbedürftigen Kindern (sogenannten »Problemkindern«) kann eine Erwerbstätigkeit von Ihnen erwartet werden, soweit eine Fremdbetreuung Ihres Kindes für eine bestimmte Tageszeit zumutbar ist.

Hinweis: Im Zweifelsfall sind Sie verpflichtet, das Nichtbestehen von Betreuungsmöglichkeiten für Ihr Kind zu beweisen.

Unterhalt wegen Ausbildung

Haben Sie im Hinblick auf die Eheschließung Ihre berufliche Ausbildung abgebrochen und besteht die Möglichkeit, die abgebrochene Ausbildung wieder aufzunehmen, um anschließend mit der Ausbildung eine Beschäftigung zu finden, so können Sie Unterhalt für die Zeit der Ausbildung, Fortbildung oder Umschulung beanspruchen. Wenn Sie allerdings Leistungen von der Arbeitsagentur oder BAföG erhalten, muss Ihr Mann nicht oder entsprechend weniger zahlen.

Aufstockungsunterhalt

Wenn Sie arbeiten, Ihr Verdienst aber trotz aller Bemühungen nicht ausreicht, Ihren vollen Lebensunterhalt zu decken, muss Ihr besser verdienender Ehemann Ihnen die Differenz ausgleichen. Ihnen stehen in der Regel 3/7 des Differenzbetrages zwischen Ihrem und seinem Nettoeinkommen zu. Insbesondere dieser Unterhaltsanspruch kann zeitlich begrenzt und in der Höhe herabgesetzt werden. Allerdings muss hierbei berücksichtigt werden, ob Sie ein gemeinsames Kind betreuen und ob dessen Belange bei einer Herabsetzung oder zeitlichen Begrenzung des Unterhalts beeinträchtigt sein könnten.

Kann der Unterhalt aus Billigkeitsgründen in der Höhe herabgesetzt werden, so richtet er sich nach den ehelichen Lebensverhältnissen oder dem Lebensstandard, der unabhängig von der Eheschließung ohnehin erreicht worden wäre. Ihr Existenzminimum, das derzeit 770 Euro monatlich beträgt, darf aber nicht unterschritten werden.

Unterhalt wegen Arbeitslosigkeit

Unterhalt wegen Arbeitslosigkeit können Sie nur dann verlangen, wenn es Ihnen im Zusammenhang mit Trennung und Scheidung nicht gelungen ist, sich beruflich auf eigene Beine zu stellen, Sie z.B. nur kurzfristige Jobs ausgeübt hatten und zwischendurch immer wieder arbeitslos wurden. Wenn Sie aber nach der Scheidung einen auf Dauer angelegten Arbeitsplatz hatten und Ihnen dann gekündigt wurde, tragen Sie das Risiko der Arbeitslosigkeit allein. Die Unterhaltsverpflichtung Ihres Ehemannes lebt nicht wieder auf. Musste

Ihr Ehemann während Ihrer Berufstätigkeit Aufstockungsunterhalt zahlen, so erhöht sich dieser Unterhalt nicht, obwohl Sie durch die Arbeitslosigkeit jetzt weniger verdienen.

Steht Ihnen grundsätzlich ein Unterhaltsanspruch wegen Arbeitslosigkeit zu, sind Sie verpflichtet, sich während Ihrer Arbeitslosigkeit laufend auf Stellen zu bewerben. Eine Meldung bei der Arbeitsagentur allein genügt nicht. Die Bewerbungspflicht besteht für eine angemessene Berufstätigkeit, die Ihrer Ausbildung, den Fähigkeiten Ihrer früheren Erwerbstätigkeit, Ihrem Lebensalter und Ihrem Gesundheitszustand entspricht. Dies bedeutet, dass Sie bei Ihren Bemühungen um eine neue Erwerbstätigkeit auf den Beruf verwiesen werden, den Sie vor der Ehe ausgeübt haben. Bei der Prüfung der Angemessenheit der beruflichen Tätigkeit sind jedoch die Dauer der Ehe sowie der Pflege oder Erziehung eines gemeinsamen Kindes zu berücksichtigen.

UNTERHALT AUFGRUND ALTERS

Wenn Sie das 65. Lebensjahr vollendet haben, müssen Sie keine Berufstätigkeit mehr aufnehmen. Erfahrungsgemäß ist aber schon für Frauen ab 55 Jahren der Arbeitsmarkt für einen beruflichen Wiedereinstieg verschlossen ist. Trotzdem wird von Ihnen verlangt, dass Sie sich auch in diesem Alter um eine Erwerbstätigkeit bemühen und Ihr Bestreben durch Vorlage geeigneter Unterlagen nachweisen. Auch der Unterhaltsanspruch aufgrund Alters kann der Höhe nach begrenzt und zeitlich befristet werden.

Hinweis: Im Zweifelsfall müssen Sie beweisen, dass Ihnen aufgrund ihres Alters die Aufnahme einer Erwerbstätigkeit nicht mehr zugemutet werden kann.

UNTERHALT WEGEN KRANKHEIT

Sind Sie wegen Krankheit oder sonstiger geistiger wie körperlicher Gebrechen auf Dauer nicht arbeitsfähig, ist Ihr geschiedener Ehemann grundsätzlich zur Unterhaltszahlung an Sie verpflichtet. In der Regel trifft dies allerdings nur dann zu, wenn Sie bereits zum Zeitpunkt der Scheidung krank gewesen sind oder die Krankheit zwar nach Scheidung auftrat, Sie aber bis dahin noch einen Unterhaltsanspruch wegen Kinderbetreuung, Ausbildung oder Arbeitslosigkeit hatten.

Sind Sie krank und Ihr Ehemann leugnet dies, müssen Sie die Krankheit und Arbeitsunfähigkeit durch ärztliche Gutachten nachweisen. Wenn Sie dauerhaft arbeitsunfähig erkrankt sind, haben Sie die Verpflichtung, eine Erwerbsminderungsrente zu beantragen. Erhalten Sie eine solche Rente, wird diese wie Einkommen behandelt und in die Unterhaltsberechnung eingestellt. Gegebenenfalls kann Ihr Ehemann verpflichtet sein, Aufstockungsunterhalt an Sie zu zahlen.

Hinweis: Nach dem neuen Unterhaltsrecht kann auch ein Unterhaltsanspruch wegen Krankheit zeitlich befristet werden.

UNTERHALT IN BESONDEREN HÄRTEFÄLLEN

Auch in besonderen Härtefällen ist Ihr Ehemann verpflichtet, Unterhalt zu zahlen. Ein Unterhaltsanspruch besteht z.B., wenn Sie über lange Jahre die Kinder Ihres Mannes aus früherer Ehe betreut oder seine Eltern gepflegt haben und deshalb nicht berufstätig sein konnten und ein beruflicher Wiedereinstieg somit unmöglich geworden ist.

2. WANN ERHALTE ICH WENIGER UNTERHALT?

EIGENES EINKOMMEN

Wenn Sie eine Arbeit finden und eigenes Einkommen haben oder Ihr bisheriger Verdienst höher geworden ist, müssen Sie dies Ihrem Mann mitteilen. Das Einkommen wird bei der Unterhaltsberechnung berücksichtigt und führt zu einer Reduzierung Ihres bisherigen Anspruches.

ZUSAMMENLEBEN MIT EINEM NEUEN PARTNER

Für den Fall, dass Sie mit einem Lebenspartner (egal ob Mann oder Frau) zusammenziehen, kann sich dieser Umstand auch deshalb auf Ihren Unterhalt auswirken, weil Ihnen eine Haushaltsersparnis zugerechnet wird, z.b. geringe Miete, kostengünstigeres Wirtschaften.

IHR MANN VERDIENT WENIGER

Verringert sich das Einkommen Ihres Mannes, hat dies Einfluss auf die Höhe Ihres Unterhaltsanspruchs. Ihr Mann muss immer darlegen, warum er nicht mehr soviel wie früher verdienen kann.

ES KOMMEN WEITERE UNTERHALTSBERECHTIGTE HINZU

Nach dem neuen Recht haben alle minderjährigen Kinder beim Unterhalt den Vorrang. Betreuende Mütter werden in den zweiten Rang eingestuft. Sie müssen es sich gefallen lassen, dass das verbleibende Einkommen Ihres Mannes gleichmäßig zwischen Ihnen und der neuen Ehefrau, bzw. der neuen Partnerin aufgeteilt wird.

Beispiel: Das bereinigte Nettoeinkommen Ihres geschiedenen Ehemannes beträgt monatlich 4.000 Euro. Sie haben ein bereinigtes Nettoeinkommen von monatlich 800 Euro und die jetzige Ehefrau hat ein Einkommen von monatlich 500 Euro. Sie und die jetzige Ehefrau sind unterhaltsberechtigt.

Einkommen EM	€ 4.000,--
Einkommen EF 1	€ 800,--
Einkommen EF 2	€ 500,--
Gesamteinkommen	€ 5.300,--
€ 5.300,-- : 3 =	€ 1.766,--
hiervon anzurechnendes Einkommen EF 1	€ 800,--
Bedarf = Unterhalt	€ 966,--

Lebt Ihr geschiedener Mann mit der neuen Partnerin zusammen, kann die Ersparnis durch gemeinsame Haushaltsführung bei der Unterhaltsberechnung zu Ihren Gunsten berücksichtigt werden.

3. WANN ERHALTE ICH KEINEN UNTERHALT?

UNTERHALTSVERZICHT
Wenn Sie vor der Scheidung notariell auf Ihren nachehelichen Unterhalt verzichtet haben, bekommen Sie grundsätzlich keinen Unterhalt. Lassen Sie jedoch einen Unterhaltsverzicht immer noch einmal von einer Anwältin überprüfen. Vielleicht lässt sich doch noch eine Lücke finden oder ein Grund, an der Wirksamkeit des Vertrages zu rütteln.

Achten Sie darauf, dass ein Unterhaltsverzicht für die Zeit der Trennung immer unwirksam ist (siehe Kapitel IV zum Trennungsunterhalt, Seite 67).

WENN IHRE EHE VON KURZER DAUER WAR
Bei einer kurzen Ehe haben Sie nur dann einen Unterhaltsanspruch, wenn Sie gemeinsame Kinder betreuen. Bei einer kurzen kinderlosen Ehe besteht kein Unterhaltsanspruch. Eine kurze Ehe liegt vor, wenn zwischen Heirat und Zustellung des Scheidungsantrags etwa 2 bis 3 Jahre liegen.

ZUSAMMENLEBEN MIT EINEM NEUEN PARTNER

Wenn Sie nach der Trennung oder Scheidung eine neue Partnerschaft eingehen, kann Ihr Unterhaltsanspruch gefährdet sein. Das ist der Fall, wenn der neue Freund der wesentliche Grund für die Trennung und Scheidung war und Ihr Mann nachweist, dass Sie aus einer so genannten »intakten Ehe ausgebrochen« sind. Das wird ihm jedoch nur selten gelingen. In der Regel wenden sich Eheleute nur einem anderen Partner zu, wenn die Ehe bereits in der Krise ist.

Ziehen Sie nach der Scheidung mit Ihrem Freund oder Ihrer Freundin zusammen, kann der Unterhaltsanspruch dann ganz entfallen, wenn sich die neue Beziehung wie eine Ehe verfestigt hat. Das wird z.B. angenommen nach 2- bis 3-jährigem Zusammenleben oder wenn Sie wie ein Ehepaar auftreten, ein gemeinsames Kind haben, gemeinsam ein Haus kaufen oder andere wirtschaftliche Verbindungen mit ihm/ihr eingehen.

Leben Sie mit einem Partner zusammen, betreuen aber ein kleines Kind aus Ihrer früheren Ehe, kann der Unterhaltsanspruch nicht versagt, aber doch auf ein Minimum reduziert werden.

EIGENES VERMÖGEN

Wenn Sie – etwa auch durch die Aufteilung des in der Ehe Ersparten – eigenes Vermögen haben, müssen Sie dies grundsätzlich für Ihren Unterhalt verwenden, und zwar nicht nur die Erträge, wie Zinsen oder Mieteinkünfte, sondern auch das Vermögen selbst. Von diesem Grundsatz gibt es aber Ausnahmen: Hat Ihr Mann selbst Vermögen oder hohe Einkünfte, brauchen auch Sie Ihr Vermögen nicht anzugreifen. Dies wäre dann unbillig. Das Gleiche gilt, wenn es unwirtschaftlich wäre, Ihr Vermögen anzugreifen. So können Sie z.B. in der Regel nicht gezwungen werden, das von Ihnen bewohnte Haus oder die Eigentumswohnung zu verkaufen, um von dem Erlös zu leben. Allerdings wird dann berücksichtigt, dass Sie mietefrei wohnen. Das kann Ihren Unterhaltsanspruch mindern.

EIGENES EINKOMMEN

Wenn Sie Ihren angemessenen Lebensunterhalt selbst verdienen, erhalten Sie keinen Unterhalt. Angemessen ist das, was Ihren ehelichen Lebensverhältnissen entspricht. Auch wenn Sie weniger verdienen und Ihren Lebensstandard einschränken müssen, gibt Ihnen das Gesetz nur dann einen Anspruch auf ergänzenden Unterhalt, wenn eine Einschränkung unbillig wäre. Dies ist z.b. der Fall, wenn Sie wegen der Ehe berufliche Nachteile erlitten haben und deshalb jetzt weniger verdienen. Nehmen Sie trotz Verpflichtung keine Arbeit auf, kann Ihnen ein Einkommen angerechnet werden, das Sie tatsächlich gar nicht erzielen (fiktives Einkommen).

LEISTUNGSFÄHIGKEIT IHRES MANNES

Ihr Unterhaltsanspruch entfällt auch, wenn Ihr Ehemann nicht genug verdient. Ihm muss der sogenannte Selbstbehalt verbleiben. Der Selbstbehalt orientiert sich an dem, was er für seinen eigenen angemessenen Unterhalt benötigt. Die Höhe des Selbstbehaltes ist in den Unterhaltsleitlinien der Oberlandesgerichte festgelegt und beträgt zurzeit etwa 1.000 Euro.

Wenn Ihr Ehemann ohne zwingenden Grund sein Einkommen verringert – etwa halbtags arbeitet, um seinem Hobby nachzugehen, oder wenn er seinen Arbeitsplatz mutwillig aufgibt –, hat dies keinen Einfluss auf Ihren Unterhaltsanspruch. Er wird so gestellt, als verdiene er so viel wie vorher (fiktives Einkommen).

Ihr Ehemann kann auch leistungsunfähig werden, wenn weitere Unterhaltsverpflichtungen hinzukommen, er z.b. Vater wird. Ihr Ehemann muss immer erst – wie am Anfang dieses Kapitels schon beschrieben – an sämtliche minderjährigen Kinder, seien es Ihre Kinder oder die Kinder einer anderen Frau, Unterhalt zahlen. Weil Kinder nicht für sich selbst sorgen können, ist ihr Unterhaltsanspruch vorrangig.

Auch die Unterhaltsverpflichtung Ihres Mannes für eine Frau, die ein gemeinsames Kind betreut, kann Einfluss auf Ihren Unterhaltsanspruch haben. Mit ihr müssen Sie sich den Unterhalt teilen, solange auch Sie Betreuungsunterhalt beanspruchen können. Häufig ist der

Unterhaltsverpflichtete aber dazu nach Abzug des Kindesunterhaltes und unter Berücksichtigung seines Selbstbehaltes nicht mehr in der Lage.

Sollten Sie kinderlos und nicht sehr lange verheiratet gewesen sein, geht eine kinderbetreuende Partnerin oder Ehefrau Ihnen im Rang vor. Das bedeutet, dass Ihr Unterhaltsanspruch in diesem Fall ganz entfallen kann, wenn das Einkommen Ihres Mannes nur für den Unterhalt der neuen Familie reicht.

Neue Unterhaltspflichten Ihres Ehemannes, auch wenn sie erst nach der Scheidung entstehen, haben also nach dem neuen Recht immer Einfluss auf Ihren Unterhaltsanspruch.

WIEDERHEIRAT
Wenn Sie wieder heiraten, entfällt Ihr Unterhaltsanspruch gegen Ihren früheren Ehemann.

4. WANN WIRD MEIN UNTERHALT ZEITLICH BEGRENZT?

Nach neuem Recht können alle Unterhaltsansprüche zeitlich begrenzt werden. Die Tendenz geht dahin, dass es nur noch in Ausnahmefällen einen lebenslangen Unterhaltsanspruch geben soll.

Auch wenn Sie einen Unterhaltsanspruch wegen Alters oder Krankheit haben oder arbeitslos sind, wird eine zeitliche Begrenzung Ihres Anspruches in Frage kommen, vor allem dann, wenn Ihre Ehe nicht besonders lang war. Ihr Mann muss in solchen Fällen darlegen, dass es unbillig wäre, wenn er auf unbegrenzte Dauer Unterhalt zahlen müsste. Sie können diesen Einwand aber entkräften, indem Sie nachweisen, dass Ihnen durch die Ehe Nachteile entstanden sind, die Ihnen die eigenständige Sicherung Ihres Unterhaltes unmöglich machen. Nach dem Gesetz können sich solche Nachteile insbesondere aus der Kinderbetreuung, der Haushaltsführung und der Dauer der Ehe ergeben. Lassen Sie sich deshalb in solchen Streitfragen immer von einer Anwältin beraten, da jeder Fall unterschiedlich beurteilt wird.

5. WANN MUSS ICH AN MEINEN MANN UNTERHALT ZAHLEN?

Grundsätzlich ergibt sich aus der ehelichen Solidarität, dass auch Ihr Mann gegen Sie einen Unterhaltsanspruch haben kann. Die Voraussetzungen sind dieselben wie die, die wir oben für Ihre Ansprüche geschildert haben.

6. WIE BEHALTE ICH MEINEN KRANKENVERSICHERUNGS-SCHUTZ, UND WER KOMMT FÜR DIE BEITRÄGE AUF?

Da die Trennungszeit bis zur Rechtskraft des Scheidungsurteils andauert, bleibt Ihr Versicherungsschutz in der gesetzlichen Krankenversicherung Ihres Ehemannes bis dahin bestehen, wenn Sie nicht erwerbstätig sind (siehe im Einzelnen Kapitel I »Wie behalte ich meinen Krankenversicherungsschutz?«, Seite 25). Für die Fortdauer Ihrer Krankenversicherung nach der Scheidung müssen Sie selber sorgen.

Die Beiträge zur Krankenversicherung sind im Unterhalt nicht enthalten. Wenn Sie nicht aufgrund eigener Erwerbstätigkeit Kranken- und Pflegeversicherungsbeiträge zahlen, können Sie diese zusätzlich von Ihrem Ehemann fordern.

Während die gemeinsamen Kinder automatisch beim Vater weiter versichert sind, wird Ihre Versicherung abgekoppelt. Sie haben einen Anspruch darauf, als eigenständiges Mitglied in derselben Krankenkasse zu bleiben, wenn Sie ihr dies innerhalb von drei Monaten, berechnet ab dem Datum der Rechtskraft des Scheidungsbeschlusses, mitteilen. Die Krankenkasse ist dann verpflichtet, Sie als Mitglied zu behalten. Unabhängig davon, ob Ihr Ehemann Ihnen den Vorsorgeunterhalt für die Krankenversicherung zahlt, sind Sie selbst für die Beitragsentrichtung gegenüber der Krankenkasse zuständig. Ein Schreiben an die Krankenkasse kann so aussehen:

Traute Stark　　　　　　　　　　　　　*Berlin, den ...*
Am Burggraben 13
10557 Berlin
Tel.
E-Mail

AOK Hamburg

Weiterversicherung nach Scheidung
Versicherter: Robert Stark, Mitgl.-Nr. ....

Sehr geehrte Damen und Herren,
meine Ehe mit Herrn Robert Stark wurde durch Beschluss des
Amtsgerichts .... rechtskräftig geschieden. Die Rechtskraft trat
am ....ein.

Ich erkläre hiermit, dass ich weiterhin bei Ihnen versichert
bleiben will und bitte um Bestätigung meiner Mitgliedschaft.
Eine Kopie des Scheidungsbeschlusses füge ich bei (oder: wird
nachgereicht).

Mit freundlichen Grüßen
Traute Stark

Sollten Sie Ihren rechtskräftigen Scheidungsbeschluss nicht innerhalb der dreimonatigen Frist erhalten haben, müssen Sie Ihren Antrag auf Weiterversicherung schon vorher stellen und die Kopie des Beschlusses nachreichen. Die drei Monate sind eine Ausschlussfrist, das bedeutet, dass nach Ablauf der Frist die Krankenversicherung nicht verpflichtet ist, Sie als Mitglied zu behalten. Die Weiterversicherung in der gesetzlichen Krankenversicherung kann Vorteile gegenüber der Möglichkeit haben, in eine private Krankenversicherung neu einzutreten.

7. UNTERHALT ZUR ALTERSVORSORGE

Ab Scheidung sind Sie für Ihre Altersversorgung selbst verantwortlich. Dies beginnt bereits mit der Einleitung des Scheidungsverfahrens (siehe Kapitel VII, Seite 105).

Wenn Sie eine Erwerbstätigkeit ausüben, für die Beiträge in die gesetzliche Rentenversicherung eingezahlt werden, läuft Ihre Alterssicherung weiter. Üben Sie jedoch keine versicherungspflichtige Erwerbstätigkeit aus oder verdienen Sie erheblich weniger als Ihr Ehemann, gibt es die Möglichkeit, dass Sie zusätzlich zum Unterhalt für den Lebensbedarf einen sogenannten Altersvorsorgeunterhalt beanspruchen.

Hinweis: Ihr Anspruch auf Vorsorgeunterhalt kann bei nichtbestimmungsgemäßer Verwendung des Altersvorsorgeunterhalts entfallen.

IX. Kapitel

Zugewinnausgleich und Auseinandersetzung von Vermögen

1. WAS IST DER ZUGEWINNAUSGLEICH?

Im Zusammenhang mit Ihrer Scheidung wird üblicherweise der Zugewinn durchgeführt. Wegen der gravierenden wirtschaftlichen Auswirkungen empfehlen wir, dass Sie sich anwaltlich beraten lassen. Bedenken Sie bitte auch, dass jede Vereinbarung über den Zugewinnausgleich zwischen Ihnen und Ihrem Ehemann, die Sie vor der Scheidung treffen, notariell beurkundet werden muss. Sonst ist sie unwirksam und eine Berechnung des Zugewinnausgleichs kann erneut aufgerollt werden.

Ausgangspunkt für den Zugewinnausgleich ist, dass Sie mit Ihrem Ehemann im gesetzlichen Güterstand der Zugewinngemeinschaft leben. Diesen Güterstand begründen Sie automatisch mit der Heirat, wenn Sie keinen notariellen Ehevertrag über Gütertrennung geschlossen haben. Aber schon das Wort Zugewinngemeinschaft ist missverständlich. Tatsächlich bleiben die Vermögen von Ehefrau und Ehemann während der gesamten Ehe getrennt, sie fließen keineswegs zusammen. Nur wenn es Vermögenswerte gibt, die ausdrücklich auf Ihrer beiden Namen laufen, sind diese Ihnen beiden je zur Hälfte zuzuordnen.

Beim Zugewinnausgleich werden die Vermögenswerte, die jeder Ehegatte am Tag der Heirat und im Regelfall am Tag, an dem der Scheidungsantrag zugestellt wurde, gegenüber gestellt. Hinsichtlich der Vermögenswerte am Tag der Heirat spricht man vom *Anfangsvermögen*, die Werte am Tag der Zustellung des Scheidungsantrages bezeichnet man als *Endvermögen*. Nach der gesetzlichen Definition ist der Zugewinn der Betrag, um den das Endvermögen das Anfangsvermögen übersteigt. Für jeden Ehegatten werden Anfangs- und Endvermögen getrennt ermittelt. Das Ergebnis ist dann der für jeden Ehegatten ermittelte Zugewinn.

2. WAS GEHÖRT ZUM ZUGEWINN UND
WIE WIRD ER ERRECHNET?

Jeder Ehegatte muss zur Ermittlung des *Anfangsvermögens* ein Verzeichnis aufstellen über die Vermögenswerte, die er am Tag der Hochzeit hatte. Diese Angaben müssen durch Quittungen oder handfeste Beweise belegt werden, ansonsten bleibt die Position im Streit unberücksichtigt. Zum Anfangsvermögen gehören auch Schulden, die am Hochzeitstag vorhanden sind sowie Erbschaften und Schenkungen, die ein Ehegatte erst während der Ehe gemacht hat. Diese Werte werden allein dem Ehegatten zugerechnet, dem sie zugefallen sind. Was von den Schenkungen und Erbschaften übrig geblieben ist, muss beim *Endvermögen* angegeben werden. Allerdings gibt es auch bei Erbschaften und Schenkungen Wertsteigerungen, wie bei jedem Anfangsvermögen auch.

Beim Endvermögen wird nicht unterschieden, ob die vorhandenen Werte zum Anfangsvermögen zählten oder nicht. Das bedeutet, dass sämtliche Vermögenswerte, die Sie zum Stichtag der Beendigung Ihres Güterstandes haben, in das Verzeichnis zum Endvermögen aufgenommen werden müssen. Sie sollten deshalb große Sorgfalt bei der Aufstellung des Anfangsvermögens anwenden, weil nur dann ein Zugewinn entsteht, wenn das Endvermögen das Anfangsvermögen übersteigt. Das Verzeichnis zum Endvermögen muss sämtliche aktive und passive Vermögenswerte enthalten. Hierzu gehören auf der Aktivseite beispielsweise:

- Haben-Kontostände sämtlicher Festgeld-, Spar-, Girokonten,
- Wertpapierdepots,
- Immobilien,

- Wert eines PKW, wenn er nicht zum Hausrat gehört,
- Lebensversicherungen, z.B. Kapitallebensversicherungen, Direktversicherungen aus betrieblicher Altersversorgung.

Da eine Lebensversicherung meistens nicht auszahlungsreif ist, muss ihr Wert zum Stichtag berechnet werden. Die Ermittlung des Wertes kann nur vom Versicherer vorgenommen werden. Wenn die Versicherung fortgeführt werden soll, z.b. die Kapitallebensversicherung zur Altersvorsorge, muss ein Zeitwert berechnet werden. Wird die Versicherung nicht fortgeführt, z.b. bei voraussichtlicher Kündigung, wird der sogenannte Rückkaufswert ermittelt. Ein Anspruch auf Auszahlung der Hälfte der Versicherungssumme besteht nicht. Auf keinen Fall sollten Sie eine Jahresabrechnung der Versicherung zur Grundlage nehmen, weil der darin angegebene Rückkaufswert nicht immer dem entspricht, was Ihnen tatsächlich zusteht.

Vom aktiven Vermögen müssen die Verbindlichkeiten abgezogen werden. Hierzu gehören beispielsweise:

- Kreditschulden,
- Negativsalden auf dem Girokonto,
- Schulden gegenüber Versandhäusern und anderen Gläubigern,
- Steuerschulden.

Sind Sie beide gemeinsam Schuldner, wird jeweils die Hälfte der geschuldeten Beträge als Verbindlichkeit in das Endvermögen jedes Ehegatten gestellt. Der Zugewinn wird aus Rechengrößen ermittelt, die zu zwei festen Eckpunkten, zum Heiratsdatum und zum Zeitpunkt der Zustellung des Scheidungsantrags, berechnet werden. Dabei werden Vermögensverfügungen und -verschiebungen, die während der Ehe erfolgten, mit Ausnahme von Erbschaften und Schenkungen nicht berücksichtigt. Sämtliche Angaben sind auf den Stichtag taggenau zu belegen.

Sowohl Sie als auch Ihr Ehemann sind verpflichtet, Auskunft über Ihr Endvermögen zu erteilen. Sie haben unter Umständen auch das

Recht, von Ihrem Ehemann zu verlangen, dass er die Vollständigkeit und Richtigkeit seiner Auskunft eidesstattlich versichert. Verweigert Ihr Ehemann die Auskunft, so kann der Anspruch auf Auskunftserteilung ebenfalls gerichtlich durchgesetzt werden.

Haben Sie während der Ehe Ihrem Ehemann beträchtliche Geldmittel zur Verfügung gestellt, z.b. für den Aufbau einer beruflichen Existenz oder zum Ausbau eines Hauses oder ihm einen Teil des vorher Ihnen gehörenden Grundstücks übertragen und hierüber keinen Vertrag geschlossen, so wird dies nach den Buchstaben des Gesetzes nicht beim Zugewinnausgleich berücksichtigt. Man spricht hier von einer *unbenannten Zuwendung*, unbenannt deshalb, weil die Geldmittel auf der Grundlage des Bestehens und der Fortführung der Ehe gegeben wurden. Im Fall der Scheidung fällt dies Grundlage weg. Die Rechtsprechung hat dafür Korrekturen entwickelt, wenn der Zugewinnausgleich zu ungerechten Ergebnissen führen würde. Wir können Sie im Rahmen dieses Buches nur darauf verweisen mit Ihrer Anwältin zu klären, ob Sie Chancen haben, dass das Ihrem Ehemann aus Ihrem Vermögen Zugewendete Ihnen letztlich wieder zugute kommt.

3. KANN DER ZUGEWINNAUSGLEICH VORVERLEGT WERDEN?

Wie bereits dargestellt, gilt der Tag, an dem der Scheidungsantrag zugestellt wurde, als Tag für die Bewertung des Endvermögens. Sollten Sie konkrete Anhaltspunkte und Beweise haben, dass dieses Datum für die Bewertung des Endvermögens Ihres Ehemannes zu spät sein könnte, weil er versucht seine Vermögenswerte zu verschieben, kann der Stichtag vorverlegt werden. Es wird dann der Zeitpunkt der Trennung für die Bewertung genommen. Allerdings kann es bei der Bestimmung dieses Tages zu bisher ungelösten Problemen kommen, da das Datum vom Antragsteller taggenau vorzulegen ist und der Ehegatte diesem widersprechen kann.

Selbst wenn Sie mit Ihrem Ehemann den Trennungstag deckungsgleich angeben, müssen Sie konkrete Anhaltspunkte und Beweise

dafür haben, dass Ihr Ehemann so genannte »illoyale Vermögensverfügungen« vornimmt.

Wir können hier die Probleme nur andeuten und können nur dringend raten sich hier von Ihrer Anwältin beraten zu lassen und die erforderlichen Schritte unter anwaltlicher Vertretung zu unternehmen.

4. WAS PASSIERT MIT DEN SCHULDEN?

Jeder Ehepartner ist für seine Schulden selbst verantwortlich. Wenn
Sie auf Ihren Namen Schulden gemacht haben, die während des Zusammenlebens entstanden sind, z.B. Heizkostennachforderung, Kon-
toüberziehung wegen gemeinsamer Urlaubsreise, so müssen Sie diese
Schulden gegenüber dem Gläubiger oder Kreditgeber allein abtragen.
Sie können von Ihrem Ehemann verlangen, dass er sich an den monatlichen Raten beteiligt oder dass er Ihnen die Hälfte des Betrages
erstattet, wenn Sie die gesamte Summe gezahlt haben.

Wenn Sie zusammen einen Kreditvertrag abgeschlossen haben,
den Sie beide unterschrieben haben, so haften Sie gemeinsam gegenüber dem Kreditgeber. Das bedeutet, dass jeder von Ihnen für die
ganze Summe haftet.

Versuchen Sie mit Ihrem Ehemann bei Trennung oder Scheidung
eine klare Regelung darüber zu treffen, wer welchen Teil dieser ge-
meinsamen Schulden abzahlt. Dabei sollten Sie darauf achten, dass
Sie intern keine Schulden übernehmen, die ausschließlich zugunsten
Ihres Ehemannes gemacht worden sind, wie etwa Umschuldung von
Altschulden Ihres Ehemannes oder Finanzierung seines Hobbys, z.B.
Kauf einer Taucherausrüstung. Diese Vereinbarung sollten Sie beide
schriftlich festhalten und unterschreiben.

Der Kreditgeber ist nicht verpflichtet, auf eine interne Vereinbarung mit Ihrem Ehemann Rücksicht zu nehmen. Zahlt Ihr Ehemann
entgegen Ihrer Absprache nicht, wird die Bank Sie trotzdem voll in
Anspruch nehmen. Sie können sich dann das Geld von Ihrem Ehemann wiederholen.

Wenn Sie sich über die Verteilung der Schulden geeinigt haben, können Sie versuchen, diese Vereinbarung bei den Gläubigern durchzusetzen. Dies gelingt meist nur durch eine Umschuldung. Meistens muss jeder Ehepartner allein einen neuen Kredit aufnehmen, mit dem die alten Schulden abgelöst werden, weil die Gläubiger oft nicht bereit sind, einen Ehepartner aus dem gemeinsam geschlossenen Vertrag zu entlassen (siehe Musterbriefe in Kapitel I, »Ich will mich von meinem Ehemann trennen«, Seite 23).

Haben Sie für Ihren Ehemann einen Darlehensvertrag mit unterschrieben oder eine Bürgschaftserklärung abgegeben, so können Sie lediglich versuchen, dass der Geldgeber eine Umschuldung vornimmt und Sie aus der Haftung entlässt. Ein Anspruch hierauf besteht aber auch nach der Scheidung nur in Ausnahmefällen. Unter Umständen könnte Ihre damalige Verpflichtungs- oder Bürgschaftserklärung sittenwidrig und damit unwirksam sein.

Sie sollten versuchen, von Ihrem Ehemann eine so genannte Freihalteerklärung zu bekommen, in der er sich verpflichtet, Sie von der Inanspruchnahme der Kreditgeber im Innenverhältnis frei zu halten (siehe Musterbrief in Kapitel I, »Ich will mich von meinem Ehemann trennen«, Seite 24). Diese Erklärung hat keine Gültigkeit gegenüber dem Kreditgeber, und wenn bei Ihrem Mann nichts zu holen ist, müssen Sie trotz Freihalteerklärung zahlen.

5. WIE IST ES BEI GÜTERTRENNUNG?

Haben Sie vor der Eheschließung oder während der Ehe einen notariellen Vertrag über Gütertrennung geschlossen und besteht dieser bei Beendigung der Ehe noch immer, findet kein Zugewinnausgleich statt.

Schulden können aber dennoch entstanden sein, wenn Sie gemeinsam mit Ihrem Ehemann Zahlungsverpflichtungen eingegangen sind, indem Sie z.B. Darlehensverträge mit unterschrieben oder Bürgschaftserklärungen für Ihren Ehemann abgegeben haben. In diesen Fällen nützt Ihnen die Gütertrennung überhaupt nichts, weil Sie durch Ihre Unterschrift gegenüber dem Geldgeber haften.

6. DAS GEMEINSAME HAUSGRUNDSTÜCK

Wenn Sie und Ihr Ehemann Miteigentümer eines Hausgrundstücks oder einer Eigentumswohnung sind, stellt sich bei der Trennung die Frage, wer weiterhin das Familienheim bewohnen soll und wie Sie sich finanziell auseinandersetzen.

Im Normalfall haben Eheleute das Familienheim als Miteigentümer je zur Hälfte gekauft und sind auch beide im Grundbuch eingetragen. Wenn Sie hier nicht sicher sind, prüfen Sie die Grundstücksunterlagen oder sehen Sie im Grundbuch nach.

Sind Sie beide Miteigentümer zur Hälfte und ist das Haus Ihr einziges Vermögen, entsteht aus dem Hausanteil für sich gesehen keine Zugewinnausgleichsforderung, weil die Anteile bei Ihnen und Ihrem Ehemann gleich hoch sind. Allerdings trifft dies nur dann zu, wenn auch Ihre Anfangsvermögen identisch sind. Ist weiteres Vermögen vorhanden und muss deshalb ein Zugewinnausgleich erfolgen, ist für ein Hausgrundstück oder eine Eigentumswohnung der Verkehrswert zu ermitteln. Diese und auch den Grundbesitz belastende Schulden sind in eine Zugewinnausgleichsberechnung einzubeziehen. Die Berechnung des Zugewinnausgleichs sagt nichts darüber aus, wer das Hausgrundstück nach der Scheidung behalten soll.

Sie können beide auch nach der Scheidung Miteigentümer bleiben. Wenn Sie beispielsweise mit den Kindern im Hause wohnen bleiben, müssten Sie Ihrem geschiedenen Mann eine Nutzungsentschädigung zahlen. Die laufende Belastung für das Haus würden Sie beide tragen, die Verbrauchskosten müssen Sie allein zahlen. Hinsichtlich der Reparaturen am Haus sowie öffentlicher außergewöhnlicher Belastungen wären beide Miteigentümer zahlungspflichtig. Diese Möglichkeit ist aber nur gegeben, wenn Sie beide sich über die Verteilung der Kosten und das Nutzungsentgelt einig werden können und der Ehemann seinen Miteigentumsanteil nicht ausgezahlt haben will.

Wenn Sie im Haus bleiben wollen, können Sie Ihrem geschiedenen Ehemann seinen Miteigentumsanteil abkaufen. Meistens verlangt der Ehemann in diesem Fall, dass er aus der Haftung für die Hausverbindlichkeiten entlassen wird und nur noch die Ehefrau haftet. Bevor die Bank schriftlich bestätigt, dass sie keine Forderung mehr gegen ihn hat, wird sie häufig von Ihnen weitere Sicherheiten verlangen, z.b. eine Bürgschaft der Eltern oder eine Lebensversicherung. Sie müssen sich also genau überlegen, ob Sie finanziell in der Lage sind sowohl Ihren Ehemann auszuzahlen als auch die laufende Belastung weiter zu tragen.

Es ist auch möglich, dass Ihr Ehemann das Haus behalten möchte und Sie ihm Ihren Miteigentumsanteil übertragen. Dabei sollten Sie darauf achten, dass Sie aus der Haftung bei der Bank entlassen werden. Sie sollten insbesondere darauf achten, dass Ihr Ehemann finanziell in der Lage ist, die bereits während der Ehe vorhandenen Hauslasten, weitere durch Ihre Auszahlung entstehenden Belastungen und auch mögliche Unterhaltsansprüche zu tragen.

Wenn es nicht möglich ist, das Haus zu halten oder keiner von Ihnen dort wohnen bleiben will, müssen Sie es verkaufen. Dabei müssen Sie und Ihr Ehemann sich einig sein, sonst können Sie beide keinen Verkauf durchführen. Können Sie sich über das Hausgrundstück nicht einigen, so ist es möglich, einen Antrag auf Teilungsversteigerung beim Amtsgericht zu stellen. Ähnlich wie bei der Zwangsversteigerung wird die Immobilie öffentlich versteigert. Wenn Sie diesen Weg gehen wollen, sollten Sie finanziell in der Lage sein, mit zu bieten und das Objekt selbst zu erwerben. Es kann sonst sein, dass das Hausgrundstück von dritten Personen oder auch Ihrem Ehemann zu einem Preis ersteigert wird, der nicht Ihren Erwartungen und dem tatsächlichen Wert entspricht und vielleicht auch nicht die Schulden abdeckt.

Wenn Sie mit Ihren gemeinsamen minderjährigen Kindern in dem Haus wohnen bleiben wollen und Ihr Ehemann die Teilungsversteigerung beantragt, weil er seinen Anteil ausgezahlt haben möchte, so können Sie die Durchführung der Versteigerung für einen gewissen Zeitraum verhindern. Voraussetzung ist in diesem Fall, dass das Wohl eines gemeinschaftlichen Kindes ernsthaft gefährdet ist, wenn das Familienheim versteigert wird. Auch hier sollten Sie sich anwaltlich beraten lassen.

Der Wunsch, Ihnen und den gemeinsamen Kindern das Familienheim zu erhalten, ist nur realisierbar, wenn Sie von Ihrem eigenen Einkommen die laufenden Gesamtkosten für das Haus bezahlen können. Sonst kann Ihr Ehemann durch Nichtzahlung der Belastung erreichen, dass die Gläubiger, z.B. die Bank, die Zwangsversteigerung betreiben. Dann kommt es nicht darauf an, ob das Wohl der Kinder gefährdet ist.

X. Kapitel

Wie werden die
Haushaltsgegenstände verteilt?

Sofern Sie sich noch nicht während der Trennungszeit über die gemeinsam erworbenen Haushaltsgegenstände mit Ihrem Ehemann geeinigt haben, müssen Sie dies spätestens bei der Scheidung tun.

Zu den ehelichen Haushaltgegenständen gehören alle Sachen, die von der Familie benutzt werden. Dies sind z.b. Küchengegenstände, Wohnungseinrichtung, Wäsche, Kindersachen, Staubsauger, Waschmaschine, Radio, Fernseher, Video, Musikinstrumente, ebenso Bücher, Gartenmöbel und -geräte, Wohnwagen, Vorräte usw. Nicht zum ehelichen Gemeinschaftshaushalt gehören:

- Gegenstände, die ausschließlich bzw. überwiegend von einem Ehepartner beruflich genutzt werden (z.b. der Pkw oder das Klavier der Klavierlehrerin);
- die persönlichen Dinge der Eheleute, wie Kleidung, Schmuck, Familienandenken;
- die Gegenstände, die jeder Ehegatte nach der Trennung für sich angeschafft hat.

Wer welche Haushaltsgegenstände erhält, hängt zumeist von den Eigentumsverhältnissen ab. Auch in einer Ehe bleibt jeder Ehepartner Eigentümer der Gegenstände, die er in die Ehe mitgebracht hat, und kann diese bei der Haushaltsteilung behalten. Dies gilt auch, wenn dieser Gegenstand während der Ehe ersetzt wird.

Haushaltsgegenstände, die während Ihrer Ehe zur gemeinsamen Haushaltsführung angeschafft wurden, stehen in Ihrem gemeinsamen Eigentum, egal, wer sie bezahlt hat. Dies trifft auch für Hochzeitsgeschenke zu. Wenn keiner von Ihnen beweisen kann, dass ihm bestimmte Gegenstände allein gehören, so gelten die ehelich erworbenen Haushaltsgegenstände als gemeinschaftliches Eigentum.

Am besten ist es, wenn Sie zusammen mit Ihrem Ehemann überlegen, wie sich die Aufteilung am sinnvollsten durchführen lässt. Bewährt hat sich, dass Sie anhand einer Liste der Haushaltsgegenstände die Verteilung gemeinsam vornehmen, indem hinter jeden Gegenstand der Name des Ehepartners gesetzt wird, der den Gegenstand erhalten soll. Hierbei können Sie sich unabhängig von den Eigentums- und Erwerbsverhältnissen einigen. Sie haben aber beide keinen Anspruch darauf, einen Ausgleich in Geld zu bekommen, wenn der Großteil der ehelichen Haushaltsgegenstände nur bei einem von Ihnen bleiben soll und die Verteilung nicht als gerecht empfunden wird. Sie können natürlich einen Ausgleichsbetrag vereinbaren, wenn Sie sich einig sind. Wichtig ist, dass die Liste nach der Aufteilung der Haushaltsgegenstände von Ihnen beiden mit einem Datum versehen und unterschrieben wird. Dann kann hinterher nichts mehr geändert werden.

Wir können nur dringend raten, sich intern mit Ihrem Ehemann über die Verteilung der Haushaltsgegenstände zu einigen, da eine gerichtliche Verteilung sehr aufwändig ist.

Gibt es jedoch keine Einigung, können Sie eine Entscheidung des Familiengerichts beantragen. Sie müssen dann dem Gericht eine vollständige Liste aller Haushaltsgegenstände, also vom Schrank bis zum Essgeschirr, vorlegen mit Angabe des Anschaffungsjahres, Anschaffungswertes und Zeitwertes der jeweiligen Gegenstände. Anhand dieser Auflistung und Angaben nimmt das Gericht die Aufteilung des ehelichen Gemeinschaftshaushaltes vor. Das Gericht soll die gemeinsam angeschafften Haushaltsgegenstände gerecht und zweckmäßig verteilen, je nachdem, wer was braucht. Dabei muss es die Umstände des Einzelfalls, insbesondere das Wohl der Kinder, berücksichtigen. Weshalb die Ehe zerrüttet ist, spielt bei der Haushaltsteilung keine Rolle.

In Ausnahmefällen kann das Gericht auch Haushaltsgegenstände, die im Alleineigentum eines Ehepartners stehen, dem anderen zuweisen, wenn dieser auf die Weiterbenutzung angewiesen ist und es dem Eigentümer zugemutet werden kann, die Sachen dem anderen zu überlassen. Es muss sich um Sachen handeln, die für das Leben des einen Ehepartners unentbehrlich sind. Die Entscheidung des Gerichts könnte im Einzelfall z.b. so aussehen, dass die Ehefrau die Waschmaschine, die dem Ehemann gehört, bekommt, weil sie kleine Kinder zu versorgen hat.

Lassen sich die gemeinschaftlich erstandenen Haushaltsgegenstände wertmäßig nicht gleich aufteilen, so kann das Gericht bestimmen, dass derjenige, der weniger bekommt, einen finanziellen Ausgleich erhält.

XI. Kapitel

Steuern und Kindergeld

1. VERÄNDERT DER BEGINN DES GETRENNTLEBENS MEINE STEUERVERHÄLTNISSE?

Durch das Getrenntleben von Ihrem Ehemann ändert sich im laufenden Jahr nichts an Ihren steuerlichen Verhältnissen. Bis zum Ende des Kalenderjahres, in das die Trennung fällt, bleibt alles beim Alten. So behalten Sie und Ihr Ehemann die bisherigen Steuerklassen, wenn Sie zur Lohnsteuer veranlagt werden. Das ist entweder die Steuerklassenkombination IV/IV mit jeweils der Hälfte der Kinderfreibeträge, die Steuerklasse IV/IV mit Faktorverfahren (neu seit 2010) oder die Steuerklassenkombination III/V, mit allen Kinderfreibeträgen für Steuerklasse III und ohne Kinderfreibeträge für Steuerklasse V. Werden Sie zur Einkommensteuer veranlagt, verändert sich bis zum Jahresende ebenfalls nichts.

Das Finanzamt interessiert sich also nicht für das Trennungsjahr, von dem im Familienrecht immer die Rede ist. Das Steuerrecht handelt vielmehr nach der sogenannten *Neujahrs-Regel*. Es unterscheidet das Jahr, in dem das Getrenntleben durch Auszug und Ummeldung begonnen hat und in dem sich nichts ändert, von der Zeit ab dem 1. Januar des Folgejahres, wenn sich die Besteuerung getrennter Eheleute ändert. Ab diesem Neujahr ändern sich die Steuerklassen und die steuerliche Veranlagung für die weitere Dauer der Getrenntlebens, die Zeit des Scheidungsverfahrens und die Zeit nach Ehescheidung nicht mehr. Für das Finanzamt ist nämlich entscheidend, ob Sie am 1. Januar des Steuerjahres dauernd getrennt gelebt haben oder geschieden waren.

141

Dauernd getrennt leben Sie im Steuerrecht erst, wenn Sie und Ihr Ehemann die Wohn- oder Hausgemeinschaft auf Dauer und nicht nur vorübergehend aufgelöst haben, also vor allem, wenn eine/r von Ihnen ausgezogen ist und dies voraussichtlich so bleiben soll. Das Finanzamt erfährt davon meist erst durch Ummeldungen an eine andere Anschrift. Beide Eheleute sind jedoch verpflichtet, ihre Steuerkarte ändern zu lassen, wenn die eingetragenen Steuermerkmale günstiger sind, als es die Verhältnisse am 1. Januar des Steuerjahres waren (§ 39 Abs. 4 EStG).

Zu beachten gilt: Versöhnen sich die Eheleute im Jahr nach der Trennung noch einmal und leben wieder zusammen, haben sie für das Jahr der Versöhnung erneut einen Anspruch auf die Steuerklassen für Verheiratete. Das trifft auch zu, wenn die Versöhnungszeit nur kurz war.

Anders verhält es sich, wenn sich *Ihre Interessen* bezüglich der Art der steuerlichen Veranlagung, der Wahl der Steuerklassen oder der Aufteilung einer Steuererstattung oder Steuernachforderung durch die Trennung ändern. Mehr dazu im folgenden Kapitel.

2. WAS ÄNDERT SICH IM FOLGEJAHR FÜR MICH ALS LOHNSTEUERZAHLERIN?

Erfährt Ihre Gemeinde von der Trennung, stellt sie Ihnen zum neuen Jahr automatisch Ihre Steuerkarte mit einer neuen Steuerklasse aus. Diese Steuerklasse können Sie nicht mehr wählen, wie es zuvor in der Ehe der Fall war. Sie wird Ihnen nach Ihren persönlichen Steuermerkmalen erteilt.

Konkret bedeutet dies: Wenn keine Kinder zu berücksichtigen sind, erhalten Sie als dauernd getrennt lebende oder geschiedene und nicht wieder verheiratete Arbeitnehmerin die Lohnsteuerklasse I. Die günstigere Steuerklasse II erhalten Sie nur, wenn Sie und Ihr minderjähriges Kind zusammen in einer Wohnung wohnen und beide für diese mit Hauptwohnsitz gemeldet sind oder wenn Sie mit mindestens einem steuerlichen zu berücksichtigenden, volljährigen Kind eine Haushaltsgemeinschaft in einer gemeinsamen Wohnung bilden.

Die Steuerklasse II steht aber nur »echten« Alleinerziehenden zu. Zu Ihrer Hausgemeinschaft darf neben den eigenen Kindern keine weitere Person gehören, d.h. dort angemeldet sein. Leben Eltern mehrerer Kinder dauernd getrennt und ist bei beiden je ein Kind angemeldet, so können beide die (günstige) Steuerklasse II erhalten.

Die Steuerklassen III, IV und V gibt es nach einer Trennung und Scheidung nicht und Steuerklasse VI ist unverändert für ein zweites Arbeitsverhältnis bestimmt.

WIE WIRKT SICH MEINE ZUWEISUNG IN EINE ANDERE LOHNSTEUERKLASSE FÜR MICH AUS?

Hatten Sie und Ihr Ehemann bislang die Steuerklasse IV, so stehen Sie beide mit Steuerklasse I nicht schlechter da als zuvor. Der Steuerabzug ist in beiden Lohnsteuerklassen identisch. Erhalten Sie künftig die Steuerklasse II, so steigt Ihr Nettoeinkommen sogar etwas, weil Ihnen dann der Entlastungsbetrag für Alleinerziehende zugute kommt. Hatten Sie bislang die Lohnsteuerklasse V, so erhöht sich Ihr Nettoeinkommen, weil weniger Lohn- und Kirchensteuer sowie Solidaritätszuschlag abgezogen werden. Wer allerdings bisher Lohnsteuerklasse III hatte, muss nach der Steuerklassenänderung mehr Steuern zahlen, erhält also meist ein geringeres Nettoeinkommen als zuvor.

Da das Bruttoeinkommen des Mannes in vielen Ehen das der Ehefrau übersteigt, wählen viele Paare die Steuerklassenkombination III/V. Das führt dazu, dass der Ehemann relativ geringe Steuerabzüge vom Lohn hat, die Ehefrau hingegen vergleichsweise hohe. So sinkt in einer solchen Ehe ab dem Jahr nach der Trennung das Nettoeinkommen des Ehemanns während das Nettoeinkommen der Ehefrau steigt. Beide zahlen dann die Steuerhöhe, die ihrem jeweiligen Einkommen entspricht. Diese Änderung wirkt sich meist auf die Höhe von Unterhaltsansprüchen aus, die deshalb für das Jahr nach der Trennung oft neu berechnet werden müssen.

Kann ich meine Steuerklasse schon im Jahr der Trennung wechseln?

Für Sie kann eine Änderung der Steuerklasse dann finanziell interessant sein, wenn Sie bisher in Steuerklasse V und Ihr Ehemann in Steuerklasse lll veranlagt wurden. Ein Wechsel in die Steuerklasse IV mit der Hälfte der Kinderfreibeträge würde Ihnen dann ein höheres Nettoeinkommen verschaffen bei gleichzeitig höherer Steuerlast Ihres Ehemanns. Das könnte Sie unter Umständen so stellen, dass Sie keinen Ehegattenunterhalt benötigen. Wenn Sie also keinen oder nur einen geringen Unterhaltsanspruch besitzen, werden Sie selbst mehr »Netto vom Brutto« haben wollen. Vorteilhaft für Sie wäre daher der schnelle Wechsel in die Steuerklassenkombination IV/IV.

Für eine Änderung der Steuerklasse vor Ablauf des Kalenderjahres der Trennung brauchen Sie jedoch, wie schon während des Zusammenlebens, die Zustimmung Ihres Ehemanns (§ 39 Abs. 5 EStG). In diesem Fall sollten Sie Ihren Ehemann auf Ihr Anliegen ansprechen und um schriftliche Zustimmung bitten. Einen Anspruch auf die Änderung der Steuerklassenwahl haben Sie im laufenden Jahr allerdings nicht. Im Jahr danach (Neujahrsregel) tritt der Wechsel der Steuerklassen nach der Ummeldung eines Ehegatten automatisch ein (siehe oben). Häufig führt aber die Anfrage nach einer Steuerklassenänderung dazu, dass es dem Ehemann leichter fällt, verlangten Ehegattenunterhalt oder einen Ausgleich für die Steuermehrbelastung zu zahlen.

3. WAS ÄNDERT SICH IM FOLGEJAHR FÜR MICH BEI VERANLAGUNG ZUR EINKOMMENSTEUER?

In vielen Ehen wird ein Ehegatte zur Einkommensteuer veranlagt, weil sie oder er Einkünfte aus selbstständiger Tätigkeit oder anderen Einkommensarten erzielt, z.B. Miet- oder Zinseinkünfte. Dann geben die Ehegatten trotz des Lohnsteuerabzugs meist eine gemeinsame Einkommensteuererklärung ab. Dabei haben Eheleute grundsätzlich die Wahl zwischen gemeinsamer und getrennter Veranlagung zur

Einkommensteuer (§ 26 Abs. 1 EStG). Leben Sie dauernd getrennt, gilt dies nur noch für das Jahr der Trennung. Ab dem Folgejahr kann die gemeinsame Veranlagung nicht mehr gewählt werden, jeder Ehegatte wird gesondert veranlagt. Wenn Sie sich allerdings im nächsten Jahr mit Ihrem Ehemann wieder versöhnen und in einem Haushalt leben, kann nochmals Zusammerveranlagung gewählt werden; selbst, wenn die Versöhnung kurze Zeit später wieder scheitert.

Das Besondere bei Einkommensteuererklärungen ist jedoch, dass sie im Nachhinein für zurückliegende Jahre abgegeben werden. So leben und wirtschaften die Eheleute inzwischen getrennt, müssen aber für vergangene gemeinsame Jahre Steuererklärungen einreichen, evtl. Steuern nachzahlen oder bekommen Steuerzahlungen zurückerstattet. Hier kommt es häufig zum Konflikt:

• Muss ich eine gemeinsame Steuererklärung unterschreiben, wenn mein Mann das will?
• Wer zahlt die Steuernachforderung des Finanzamts?
• Wer erhält die Steuerrückzahlung des Finanzamts?

SIE KÖNNEN DIE ART DER VERANLAGUNG WÄHLEN

Ehegatten können grundsätzlich zwischen einer *Zusammenveranlagung* und einer *getrennten Veranlagung* zur Einkommensteuer wählen. Soweit *Zusammenveranlagung* gewählt wird, geben Sie eine gemeinsame Steuererklärung ab. Ihre Einkünfte und die Einkünfte Ihres Ehemanns sowie die gemeinsamer Abzugsbeträge werden zusammengerechnet und nach dem Splittingtarif versteuert. Wegen dieses sogenannten Ehegattensplittings ist die Zusammenveranlagung für beide Ehegatten zusammen meist günstiger als die getrennte Veranlagung, vor allem bei unterschiedlich hohen Einkünften. Das muss aber nicht so sein, fragen Sie im Zweifel Ihre Steuerberaterin oder Anwältin.

Bei *getrennter Veranlagung* macht jeder Ehegatte eine eigene Steuererklärung. Die Einkünfte und Abzugsbeträge werden für jeden Ehegatten getrennt ermittelt. Die Versteuerung erfolgt nach der Grundtabelle. Dadurch kann es passieren, dass die zusammengerechnete Steuerlast beider Eheleute höher ist als sie bei gemeinsamer Veranlagung wäre.

Muss ich eine gemeinsame Steuererklärung unterschreiben?

Im Steuerrecht sind die Eheleute völlig frei in der Entscheidung, welche Art der Veranlagung sie wählen. Das Finanzamt richtet sich einfach nach den Erklärungen. Im Familienrecht sieht das jedoch anders aus. Sie können nicht allein darüber entscheiden, ob Sie eine gemeinsame oder zwei getrennte Einkommensteuererklärungen abgeben. Über die Art der Veranlagung müssen Sie beide sich einigen. Es wird von Eheleuten verlangt, dass sie auch nach Trennung und Scheidung wechselseitig Rücksicht auf die finanziellen Verhältnisse des anderen Ehegatten nehmen.

Ihr Ehemann kann deshalb von Ihnen verlangen, dass Sie einer Zusammenveranlagung zur Einkommensteuer zustimmen, wenn:

- diese zur geringsten Steuerbelastung beider Ehegatten insgesamt führt,
- Ihnen im Vergleich zu einer getrennten Veranlagung keine steuerlichen Nachteile entstehen
- oder Ihr Ehemann Sie davon ganz oder teilweise frei hält.

Ihre Zustimmung kann Ihr Ehemann unter diesen Voraussetzungen vor Gericht einklagen. Haben Sie die Zustimmung zur gemeinsamen Veranlagung, also die Unterschrift unter eine gemeinsame Steuererklärung, ohne Grund verweigert, kann Ihr Ehemann von Ihnen Schadenersatz in Höhe der Mehrbelastung verlangen.

Deshalb: Sie müssen einer von Ihrem Ehemann geforderten Zusammenveranlagung nicht vorbehaltlos zustimmen, wenn Ihnen durch eine Zusammenveranlagung steuerliche Nachteile drohen. Sie können und sollten Ihre Zustimmung von einer Verpflichtungserklärung Ihres Ehemanns abhängig machen, mit der er sich verpflichtet, Sie unter Verzicht auf jegliche Aufrechnung und Zurückbehaltungsrecht so zu stellen, wie bei Durchführung einer getrennten Veranlagung. Das gilt umgekehrt natürlich auch, wenn Sie Vorteile von der gemeinsamen Veranlagung erwarten und Ihr Ehemann diese nicht will. Sie können dann von ihm die Zustimmung unter den obigen

Bedingungen verlangen. Häufig geht es bei solchen Konflikten um viel Geld. Deshalb sollten Sie sich unbedingt steuerlich und familienrechtlich beraten lassen, bevor Sie Entscheidungen treffen.

Die gemeinsame Steuererklärung kann von Ihnen auch unterschrieben werden, wenn Sie die Einkommensverhältnisse Ihres Ehemanns nicht genau kennen oder sogar annehmen, er habe seine Einkünfte nicht vollständig angegeben. Mit Ihrer Unterschrift übernehmen Sie lediglich die Verantwortung für die Sie und Sie beide betreffenden Angaben. Sie übernehmen keine Verantwortung für die Richtigkeit der nur Ihren Ehemann betreffenden Angaben.

Eine gemeinsame Steuererklärung kann auch dann noch abgegeben werden, wenn ein Ehegatte sich bereits getrennt hat veranlagen lassen. Sie ist möglich, solange nicht für beide Ehegatten bestandskräftige Einkommensteuerbescheide vorliegen.

Die Entscheidung über gemeinsame oder getrennte Veranlagung wird häufig erst akut, wenn Sie schon eine Weile getrennt leben. Um Streit zu vermeiden, sollten Sie sich in jedem Fall beraten lassen und möglichst in einer Scheidungsfolgenvereinbarung hierüber eine Regelung treffen.

4. WER MUSS DIE STEUERNACHZAHLUNG AUFBRINGEN? WER BEKOMMT DIE STEUERERSTATTUNG?

Sie und Ihr Ehemann sind gemeinsam zur Einkommenssteuer veranlagt worden, jetzt will das Finanzamt eine Nachzahlung haben oder überweist Ihrem getrennt lebenden Ehemann die zu viel gezahlten Steuern zurück.

Grundsätzlich gilt: Gegenüber dem Finanzamt sind Sie beide verpflichtet, die Nachzahlung zu entrichten, und zwar jeder in voller Höhe, insgesamt aber natürlich nur einmal (Gesamtschuldverhältnis). Hinsichtlich der Rückerstattung sind Sie beide als Gesamtgläubiger gegenüber dem Finanzamt gleich berechtigt, die ganze Erstattung ausgezahlt zu erhalten.

STEUERNACHZAHLUNG AN DAS FINANZAMT

Dass Sie beide gegenüber dem Finanzamt als Gesamtschuldner für den vollen Nachzahlungsbetrag haften, bedeutet: Wenn Ihr Mann nicht bezahlt, müssen Sie zahlen! Und dies unabhängig davon, wer die Steuerschuld ausgelöst hat. Dem gehen Sie am bestem aus dem Weg, indem Sie beim Finanzamt beantragen, dass die Steuerschuld zwischen Ihnen und Ihrem Ehemann so aufgeteilt wird, dass beide nur für den dem eigenen Einkommen entsprechenden Teil der Steuerschuld aufzukommen haben. Sie könnten folgenden Brief an das Finanzamt schreiben:

Traute Stark
Am Burggraben 13
10557 Berlin

Finanzamt
20099 Hamburg   *Berlin, den ...*

Steuernummer 123 456 789
Gemeinsamer Einkommen- und Kirchensteuerbescheid
Traute Stark und Robert Stark für das Jahr 201x
Hiermit beantrage ich, die mit Bescheid vom ... festgesetzte Forderung an Einkommen- und Kirchensteuer sowie Solidaritätszuschlag zwischen mir und meinem Ehemann so aufzuteilen, wie es sich bei getrennter Veranlagung ergeben hätte (§§ 268, 270 AO).

Mit freundlichen Grüßen
Traute Stark

Dieser Antrag ist an das Finanzamt zu richten, bei dem Ihre Steuererklärung eingereicht wird oder wurde. Sie können ihn auch stellen, wenn Ihr Ehemann dieser Aufteilung nicht zustimmt, und ihn einreichen, solange die Steuerschuld noch nicht vollständig bezahlt wurde. Deshalb: Erst Antrag stellen, dann zahlen!

STEUERERSTATTUNG VOM FINANZAMT

Eine Steuererstattung überweist das Finanzamt automatisch auf das Konto, das in der Steuererklärung auf Seite 1 des Mantelbogens angegeben worden ist. Dort ist meist schon das Konto des Ehemanns eingesetzt, wenn Sie die Steuererklärung zur Unterschrift erhalten. Das kann es Ihnen erschweren, einen Ihnen zustehenden Anteil der Erstattung zu erhalten. Deshalb müssen Sie sich vor Ihrer Unterschrift möglichst über die Aufteilung einer Steuererstattung einigen und dies dem Finanzamt mitteilen. Maßgebend für die Aufteilung ist das Verhältnis der Steuerbeträge, die jeder von Ihnen bei getrennter Veranlagung zu zahlen hätte (§ 270 AO).

Am besten fügen Sie der Einkommensteuererklärung folgendes gemeinsam unterschriebene Schreiben bei :

Traute Stark   *Robert Stark*
Am Burggraben 13   *Am Markt 7*
10557 Berlin   *20337 Hamburg*

Finanzamt, 20 099 Hamburg   *Berlin den ...*

Steuernummer 123 456 789
Gemeinsame Veranlagung Traute Stark und Robert Stark
Wir bitten, eine eventuelle Rückzahlung an Einkommen- und Kirchensteuer sowie Solidaritätszuschlag für das Jahr xy wie folgt zu überweisen:
zu ... % auf das Konto   *zu ... % auf das Konto*
Traute Stark   *Robert Stark*
Konto-Nr. 1 234 567 899   *Konto-Nr. 0 987 654 321*
BLZ 00 000 000   *BLZ. 11 111 111*
bei der ab-Bank   *bei der cd-Bank*
Außerdem senden Sie bitte jedem von uns ein Exemplar des Steuerbescheids.

Unterschrift Traute Stark   *Unterschrift Robert Stark*

Wenn Sie sich mit Ihrem Ehemann nicht über die Anteile an der künftigen Steuererstattung einigen können, schreiben Sie allein an das Finanzamt, dass der gesamte Steuererstattungsbetrag an Sie überwiesen werden soll. Sinnvoll ist es, diesen Wunsch zu begründen, z.b. damit, dass Sie noch Forderungen gegen Ihren Ehemann haben, mit denen Sie aufrechnen könnten. Das Finanzamt ist befugt, nach seiner Wahl an den einen oder anderen Ehegatten auszuzahlen. Nach Erhalt der Steuererstattung müssen Sie sich mit Ihrem Ehemann über die Aufteilung verständigen.

AUFTEILUNG VON STEUERERSTATTUNG ODER STEUERNACHZAHLUNG UNTEREINANDER

Ist der gemeinsame Steuerbescheid ergangen, die Steuererstattung festgesetzt und an Ihren Ehemann oder Sie überwiesen worden oder verlangt das Finanzamt von Ihnen und Ihrem Ehemann eine Steuernachzahlung, werden Sie versuchen, sich mit Ihrem Ehemann über die Anteile jeder Seite zu einigen. Für die Aufteilung gelten folgende Grundsätze:

Hat nur ein Ehegatte Steuern gezahlt, erhält dieser Ehegatte auch die Steuererstattung und muss die Nachzahlung leisten. Hatten Sie und Ihr Ehemann beide Einkünfte, so erfolgt die Aufteilung einer Nachzahlung oder Steuererstattung zwischen Ihnen beiden auf der Grundlage fiktiver getrennter Veranlagung entsprechend § 270 Abgabenordnung (AO). Ebenso kann dies nach einem gemeinsam gefundenen Aufteilungsmaßstab geschehen. Sie müssen den Steuerbescheid also einer Steuerberaterin vorlegen und von ihr ausrechnen lassen, wieviel Steuern Sie und Ihr Ehemann im Falle getrennter Veranlagung hätten zahlen müssen. Im Verhältnis dieser beiden fiktiven Steuerlasten müssen Sie den konkreten Steuerbetrag aufteilen und mit den bereits von beiden gezahlten Steuern abgleichen. Daraus ergibt sich dann, wer wieviel aus der Steuerrückzahlung erhält oder von der Steuernachzahlung zu entrichten hat. Wir empfehlen Ihnen, diese Berechnung von einer Steuerberaterin vornehmen zu lassen.

Wenn Sie sich mit Ihrem Ehemann nicht einig werden oder er Sie an einem ausgezahlten Erstattungsbetrag unberechtigt nicht beteiligt, müssen Sie ihn notfalls beim zuständigen Familiengericht verklagen. Ihre Rechtsanwältin hilft Ihnen weiter.

STEUERERSTATTUNGEN UND STEUERNACHZAHLUNGEN IM UNTERHALTSRECHT

Bei der Ermittlung der Einkommenshöhe im Rahmen der Unterhaltsberechnung erhöhen Steuererstattungen das Einkommen, während Steuernachzahlungen als Abzugspositionen berücksichtigt werden. Die Erhöhung und Verminderung des Einkommens erfolgt in dem Jahr, in dem die Erstattung bei der steuerpflichtigen Person eingeht (Jahr des Steuerbescheids) oder diese die Steuernachzahlung tatsächlich entrichtet (Beleg: Kontoauszug). Da es nicht relevant ist, für welches Jahr Steuern zurück- oder abfließen, muss im Unterhaltsrecht grundsätzlich auch Auskunft über die Steuerrückzahlungen und -nachzahlungen eines Jahres erteilt werden.

5. WAS IST BEGRENZTES REALSPLITTING?

Mit dem Ende des Jahres der Trennung endet die Möglichkeit, vom Ehegattensplitting zu profitieren, weshalb die Steuerbelastung der früheren Eheleute insgesamt meist höher ausfällt. Das begrenzte Realsplitting verschafft unterhaltspflichtigen Steuerzahlern die Möglichkeit, in begrenztem Umfang Unterhaltszahlungen an die Ex-Ehefrau (oder umgekehrt) als Sonderausgaben nach § 10 Abs. 1 Ziffer 1 EStG vom Einkommen abzusetzen und so die Steuerlast zu verringern. Im Gegenzug versteuert die unterhaltsberechtigte Ehefrau die Unterhaltszahlungen, was bei keinen oder geringen weiteren Einkünften zwar keine Steuerpflicht auslöst, manchmal aber die Steuerlast erhöhen kann. Aus dem Gesamtbetrag der Steuerersparnis des Ehemanns und der zusätzlichen Steuerlast der Ehefrau ergibt sich meist ein Überschuss zugunsten des Ehemanns. Er muss seine Ehefrau an diesem Steuervorteil nicht unmittelbar beteiligen, allerdings ist er verpflichtet, die ihr entstehenden Nachteile auszugleichen. In jedem Fall muss die unterhaltsberechtigte Ehefrau zur Prüfung ihrer Steuerpflicht auf Unterhalt eine Einkommensteuererklärung abgeben.

Wenn Sie also dauernd getrennt leben oder geschieden sind und Ihr Ehemann Ihnen Ehegattenunterhalt zahlt, so kann er diese Unterhaltszahlung bis zu einem Höchstbetrag von 13.805 Euro als Sonderausgaben von seinem zu versteuernden Einkommen abziehen. Das nennt man *begrenztes Realsplitting*.

Voraussetzung hierfür ist unter anderem, dass Sie dem zustimmen. Für den Antrag und Ihre Zustimmung gibt es ein Formblatt, die sogenannten Anlage U, die von Ihnen und Ihrem Ehemann unterschrieben werden muss. Ihre Zustimmung gilt laut Formular bis zu Ihrem Widerruf.

Achtung: Ein Widerruf muss vor Beginn des Kalenderjahres, für das er gelten soll, erfolgen. Deshalb ist es am besten, Ihre Zustimmung nur für das jeweilige Jahr abzugeben und dies im Formular zu vermerken mit dem Zusatz »Gilt nur für 20xy«.

Wichtige Folge des begrenzten Realsplittings für Sie ist: Sie müssen die Unterhaltsleistungen versteuern. Das heißt: Sie müssen jährlich eine Einkommensteuererklärung abgeben. Ihr zu versteuerndes Einkommen erhöht sich um den Betrag, der Ihnen als Ehegattenunterhalt zugeflossen ist, maximal um den Höchstbetrag von 13.805 Euro. Ihnen können dadurch höhere Steuerlasten entstehen, sodass Sie Einkommensteuer zusätzlich zu Ihrer Lohnsteuer, auch als vierteljährliche Vorauszahlung, zahlen müssen. Es können auch andere Nachteile entstehen, z.b. bei Wohngeld, BAföG, Sparprämien oder auch Kita-Beiträgen. Unter Umständen geht Ihnen die Möglichkeit der beitragsfreien Mitversicherung in der Krankenversicherung (Familienversicherung) verloren.

Sie sollten Ihre Zustimmung deshalb unbedingt davon abhängig machen, dass Ihr Ehemann sich schriftlich verpflichtet (siehe unten stehenden Musterbrief), alle bei Ihnen entstehenden Nachteile auszugleichen, einschließlich der Kosten für Ihre Steuerberaterin.

Um von der Einkommenserhöhung Ihres Ex-Ehemanns zu profitieren, können Sie von ihm verlangen, dass er sich den Betrag des begrenzten Realsplittings als Freibetrag auf der Steuerkarte eintragen lässt. Sein dadurch gesteigertes Nettoeinkommen gewährt Ihnen unter Umständen einen höheren Unterhaltsanspruch. Da Sie keinen direkten Anspruch auf Beteiligung an der Steuerersparnis Ihres Ehemanns haben, ist dies für Sie der effektivste Weg, an dem höheren Nettoeinkommen Ihres Mannes teilzuhaben.

Die Verpflichtungserklärung Ihres Ehemanns kann so aussehen:

Ich, Robert Stark, verpflichte mich, meine Frau von sämtlichen finanziellen Nachteilen freizuhalten, die ihr durch das begrenzte Realsplitting entstehen.

Ferner verpflichte ich mich, festgesetzte Steuervorauszahlungen und Steuerzahlungen auf erstes Anfordern direkt an das Finanzamt zu zahlen.

Ich verpflichte mich weiter, einen entsprechenden Freibetrag in Höhe des von mir gezahlten Unterhalts auf meiner Steuerkarte eintragen zu lassen.

Robert Stark
Hamburg, den ...

Im Gegenzug sind Sie verpflichtet, die Anlage U zu unterschreiben. Tun Sie das nicht, kann Ihr Ehemann Sie vor Gericht auf Zustimmung verklagen.

Hält Ihr Ehemann seine Verpflichtungen nicht ein und zahlt die Steuern nicht, so können Sie Ihre Zustimmung zum begrenzten Realsplitting widerrufen und ihn auf Zahlung verklagen.

6. WAS SOLLTE ICH ÜBER KINDERGELD UND KINDERFREIBETRÄGE WISSEN?

Kindergeld und Kinderfreibeträge sind staatliche Leistungen, die Eltern in Höhe des Existenzminimums ihres Kindes steuerlich entlasten sollen. Deshalb ist das Kindergeld im Einkommensteuergesetz (§§ 62-78 EStG) sowie im Bundeskindergeldgesetz (BKGG) und die Kinderfreibeträge in §§ 32 EStG geregelt.

Das Kindergeld beträgt im Jahr 2010 für das erste und zweite Kind jeweils monatlich 184 Euro, für das dritte Kind 190 Euro und für das vierte sowie jedes weitere Kind jeweils 215 Euro. Die Kinderfreibeträge sind 2010 für jeden Elternteil auf 2.184 Euro festgelegt, zusätzlich gibt es für den Betreuungs-, Erziehungs- oder Ausbildungsbedarf des Kindes einen Freibetrag von 1.320 Euro. Es geht also um nicht wenig Geld. Für Sie ist wichtig zu wissen:

- für welche Kinder Anspruch auf Kindergeld besteht,
- welcher Elternteil Anspruch auf Auszahlung des Kindergelds hat,
- was sich bei volljährigen Kindern nach deren Auszug aus Ihrem Haushalt ändert und
- wie sich Kindergeld und Kindesunterhalt zueinander verhalten.

ANSPRUCH AUF KINDERGELD

Für ein minderjähriges Kind besteht grundsätzlich Anspruch auf Kindergeld, jedenfalls wenn es im Inland oder nur vorübergehend im Ausland lebt.

Für ein volljähriges Kind wird in der Regel bis zur Vollendung des 21. Lebensjahr Kindergeld weitergezahlt, wenn es arbeitsuchend ist (Nachweis erforderlich), bis zur Vollendung des 25. Lebensjahr, wenn es sich in Ausbildung befindet oder eine Ausbildung mangels Ausbildungsplatz noch nicht anfangen kann. Besonderheiten gelten für die Dauer von 4 Monaten zwischen zwei Ausbildungsabschnitten und während der Ableistung eines freiwilligen sozialen oder ökologischen

Jahres oder eines entwicklungspolitischen Freiwilligendienstes. Die Ableistung von Wehr- und Ersatzdienst verlängert die Bezugsdauer. Behinderte Kinder erhalten das Kindergeld zeitlich unbegrenzt. Wenn das volljährige Kind eigenes Nettoeinkommen über dem steuerlichen Grundfreibetrag hat (das sind 2010 jährlich 8.004 Euro), wird kein Kindergeld mehr gezahlt, schlimmer noch: Das gesamte Kindergeld für das Jahr wird nachträglich von der Familienkasse zurückverlangt, wenn im Vorjahr das Kindeseinkommen über dem Freibetrag lag, auch wenn das nur ein paar Euro zuviel waren. Wenn das Kindergeld aus diesem Grund wegfällt oder von Ihnen zurückgefordert wird, sollten Sie sich beraten lassen, ob das Kindeseinkommen richtig berechnet und alle zulässigen Abzugsbeträge berücksichtigt wurden.

Deshalb unser Rat: Ein volljähriges Kind mit eigenen Einkünften sollte alle Quittungsbelege für Ausbildungskosten, Bücher und Fahrtkosten zur Ausbildungs- oder Arbeitsstätte aufbewahren.

Welcher Elternteil erhält das Kindergeld?

Anspruch auf Auszahlung des Kindesgelds hat bei minderjährigen Kindern der Elternteil, in dessen Haushalt das Kind lebt. Bei getrennt lebenden Eltern wird das Kindergeld häufig an denjenigen gezahlt, der es auch schon vor der Trennung erhalten hat. Das ist meistens der Vater. Wenn das Kind aber überwiegend in Ihrem Haushalt lebt, sollten Sie bei der Familienkasse den Antrag stellen, dass das Kindergeld an Sie gezahlt wird. Fügen Sie die Meldebescheinigungen bei. Das bedeutet auch: Wechselt Ihr Kind von einem Elternteil in den Haushalt des anderen, ändert sich damit auch die Kindergeldberechtigung. Die Familienkasse muss darüber informiert werden.

Bezug von Kindergeld für volljährige Kinder

Wenn Ihr Kind volljährig wird, behalten Sie die Berechtigung zum Bezug von Kindergeld, solange Ihr Kind in Ihrem Haushalt lebt. Das ändert sich, wenn Ihr Kind auszieht und sich am neuen Wohnort mit Erst- oder Zweitwohnsitz anmeldet. Dann geht die Berechtigung auf

Auszahlung des Kindergelds auf den Elternteil über, der den höheren Barunterhalt für das Kind zahlt (§ 3 Abs. 3 BKGG). Und das ist häufig der Vater!

Solange die Familienkasse von der Wohnsitzänderung Ihres Kindes nichts erfährt, erhalten Sie das Kindergeld weiter. Vorsicht! Das kann für Sie zum Fallstrick werden. Denn der Vater kann jederzeit – auch noch nach Jahren – bei der Familienkasse rückwirkend ab Auszug Ihres Kindes den Antrag auf Auszahlung des Kindergelds stellen. Sie bekommen dann von der Familienkasse einen Rückforderungsbescheid und können dagegen wenig unternehmen, selbst wenn Sie das Kindergeld immer an Ihr Kind weitergeleitet haben. Die Familienkasse kann Sie in einem solchen Fall vor Gericht auf Rückzahlung verklagen. Es ist deshalb in Ihrem Interesse, dass Sie den Anspruch auf Auszahlung des Kindergeldes anlässlich der Wohnsitzänderung Ihres Kindes klären. Lassen Sie sich im Zweifel von einer Anwältin beraten.

KINDERFREIBETRÄGE

Wegen des Kindergeldes werden Kinderfreibeträge bei der Berechnung der Lohnsteuer grundsätzlich nicht mehr berücksichtigt. Kinderfreibeträge wirken sich zunächst nur auf die Höhe des Solidaritätszuschlags und der Kirchensteuer aus. Erst in einer Einkommensteuerveranlagung wird automatisch geprüft, ob die Berücksichtigung von Kinderfreibeträgen günstiger als die Auszahlung des Kindergelds ist.

Sollte Ihr Ehemann ein deutlich höheres Einkommen als Sie beziehen, könnte er Sie unter Umständen darum bitten, ihm Ihre Kinderfreibeträge zu übertragen. Übertragen Sie aber nie ohne vorherige Beratung Ihre Kinderfreibeträge auf Ihren Ehemann, auch wenn er dann höhere Einkommensteuern zahlt. Denn diese Übertragung könnte für Sie nachteilige Folgen haben, z.B. Verlust des Entlastungsbetrags für Alleinerziehende oder den Wegfall der Berücksichtigung von erwerbsbedingten Kinderbetreuungskosten. Solche Nachteile sollten Sie nicht ohne Ausgleich hinnehmen.

7. KINDERGELD UND KINDESUNTERHALT

Kindergeld soll beide Eltern entlasten, wird aber nur an den Elternteil ausgezahlt, bei dem das Kind lebt. Dieser muss dem Kind allerdings keinen Barunterhalt zahlen, dazu ist der andere Elternteil verpflichtet. Das bedeutet: Der eine zahlt, die andere erhält das Kindergeld. Ein Ausgleich hierfür wird geschaffen, indem der unterhaltspflichtige Elternteil die Hälfte des Kindergeldes gleich einbehält.

Beispiel minderjähriges Kind: Nach Gruppe 3 der Düsseldorfer Tabelle beläuft sich die Unterhaltspflicht des Vaters für sein 8-jährige Kind auf 401 Euro. Das Kindergeld beträgt 184 Euro. Vom Gesamtbetrag (401 Euro) wird nun die Hälfte des Kindergeldes (92 Euro) abgezogen und der Vater muss einer monatliche Zahlungspflicht von 309 Euro nachkommen. Das wird Kindergeldausgleich genannt.

Die Düsseldorfer Tabelle enthält deshalb immer einen Anhang, der für alle Altersstufen und Einkommensgruppen die Unterhaltsbeträge abzüglich hälftiges Kindergeld (für 1. und 2., 3. sowie 4. und weitere Kinder) aufführt, die sogenannten Zahlbeträge.

Bei volljährigen Kindern, die nicht mehr im Haushalt eines Elternteils leben oder ihre Schulausbildung bereits beendet haben, wird jedoch das Kindergeld wie Einkommen des Kindes behandelt. Der Unterhaltsbedarf des Kindes reduziert sich somit um das volle Kindergeld. Den ungedeckten Bedarf müssen dann beide Elternteile nach den Regeln des Unterhaltsrechts bezahlen.

Beispiel volljähriges Kind: Der Unterhaltsbedarf einer Studierenden beträgt 640 Euro zuzüglich monatlicher Studiengebühren in Höhe von 41,67 Euro. Vom daraus resultierenden Gesamtbetrag (681,66 Euro) sind durch das Kindergeld 184 Euro gedeckt. Der verbleibende ungedeckte Unterhaltsbedarf beläuft sich auf 497,66 Euro, der von den Eltern je nach Einkommenshöhe aufgebracht werden muss. Das Kindergeld muss dem Kind unmittelbar zugute kommen, durch Auszahlung oder Kostenübernahme.

XII. Kapitel

Vereinbarungen über
Trennungs- und Scheidungsfolgen

Wenn Sie und Ihr Ehemann eine einverständliche Scheidung an-
streben, so versuchen Sie, sich über die Scheidungsfolgen (Kindesunterhalt, Ehegattenunterhalt, Hausrat, Zugewinnausgleich, evtl.
Hausgrundstück) zu einigen und eine notarielle Trennungs- und
Scheidungsfolgenvereinbarung abzuschließen. Sofern Sie beide als
Ehepartner miteinander reden können, empfiehlt es sich, diese Vereinbarung möglichst bald nach der Trennung zu schließen, da Sie sich
dann an einer klaren Regelung orientieren können und somit weitere
Streitigkeiten vermieden werden. Selbstverständlich darf die Schei-
dungsfolgenregelung nicht vorschnell, sondern nur nach reiflicher
Überlegung und Besprechung mit Ihrer Rechtsanwältin getroffen
werden. Über nacheheliche Unterhalt, Zugewinn sowie Grundbesitz
können Sie sich nur dann wirksam einigen, wenn Sie Ihre Vereinbarung bei einer Notarin beurkunden lassen.

Ausnahme: Eine privatschriftliche Vereinbarung zum Zugewinnausgleich und/oder Ehegattenunterhalt nach rechtskräftiger Scheidung
ist wirksam. Eine Regelung über gemeinsam erworbene Haushaltsgegenstände kann ebenfalls privatschriftlich vereinbart werden.

Wenn Sie einen Vertrag mit den Punkten Zugewinnausgleich oder
Hausgrundstück schließen wollen, so ist es zweckmäßig und kosten-
günstig, auch Ihre Vereinbarung zum Unterhalt und zum Hausrat
mit in den Vertrag aufzunehmen. Die Durchsetzung eines Unterhaltsanspruchs kann dadurch vereinfacht werden, dass Ihr Ehemann
sich in der Urkunde der Zwangsvollstreckung unterwirft. Sollte Ihr

Ehemann allerdings nicht zahlen, können Sie dann aus der Urkunde die Vollstreckung einleiten und müssen ihn nicht erst verklagen.

Sofern Sie einen solchen Vertrag während der Trennungszeit abschließen, das Scheidungsverfahren aber noch nicht läuft und vielleicht auch noch nicht begonnen werden soll, sollten Sie in dem notariellen Vertrag Gütertrennung vereinbaren, und damit klare finanzielle Verhältnisse schaffen. In jedem Fall muss vor dieser Regelung der Zugewinnausgleich berechnet und festgelegt werden. Wenn Sie den Scheidungsantrag eingereicht haben und dieser Ihrem Ehemann bereits zugestellt worden ist, kann die notarielle Vereinbarung über die Scheidungsfolgen auch ohne eine Gütertrennung beurkundet werden. Über diese formellen Fragen sollten Sie unbedingt mit Ihrer Rechtsanwältin oder/und der Notarin sprechen.

Voraussetzung jeder Vereinbarung mit Ihrem Ehemann ist, dass Sie Informationen über sein Einkommen und sein Vermögen haben. Wenn Sie sich späteren Ärger ersparen wollen, schließen Sie keinen Vertrag, bevor Sie nicht über die nötigen Auskünfte verfügen. Sobald Sie die Unterlagen zur Berechnung eines Unterhaltsanspruchs und eines Zugewinnausgleichsanspruchs zusammengestellt haben, sollten Sie sich anwaltlich beraten lassen. Ist es schwierig, die Unterlagen zu erhalten, beraten Sie sich gleich mit Ihrer Rechtsanwältin. Wenn Sie wissen, was Sie wollen, können Sie Ihrem Ehemann Vorschläge für die notarielle Vereinbarung unterbreiten.

Sollte Ihr Ehemann Ihnen vorschlagen, mit Ihnen zu seinem Rechtsanwalt oder Notar zu gehen und dort gleich eine Vereinbarung zu unterschreiben, weigern Sie sich. Dies gilt ebenso für privatschriftliche Verträge, die Ihnen Ihr Ehemann zum Unterschreiben vorlegt. Auch bei notariellen Verträgen können Sie darauf bestehen, erst einen Entwurf zu erhalten.

Achtung: Unterschreiben Sie nie etwas sofort. Lassen Sie sich den Vertrag geben, den Sie unterschreiben sollen, und besprechen Sie ihn unbedingt mit Ihrer Rechtsanwältin.

Unterschreiben Sie nie eine Vereinbarung »um des lieben Friedens willen«, sondern machen Sie sich stets sachkundig. Besonders problematisch sind Vereinbarungen, die Verzichte enthalten, z.b. Verzicht auf Ehegattenunterhalt, Verzicht auf Zugewinnausgleich, Verzicht auf Versorgungsausgleich. Nehmen Sie sich das Recht, einen Vertragsentwurf in Ruhe zu Hause zu überdenken. Wenn Sie eine Verzichtserklärung unterschreiben, sollten Sie die Sicherheit haben, dass Sie die Auswirkungen dieses Verzichts im vollen Umfang überblicken.

Sie sollten sich bei jeder Unterschrift sicher sein, dass dies auch die für Sie richtige Lösung ist, zumal Sie Ihre einmal gegebene Unterschrift in der Regel nicht zurücknehmen können. Selbst wenn Sie vom Ehemann überredet und fast gezwungen wurden, eine Vereinbarung zu unterschreiben, wird es in der Praxis, d.h. bei einem Streit oder einem folgenden Prozess selten gelingen, von dem Vertrag wieder loszukommen. Auch wenn Sie sich über die Inhalte des Vertrages geirrt haben oder durch die Trennung seelisch sehr belastet waren, bleibt es nach unseren Erfahrungen meistens bei der einmal getroffenen, unterzeichneten Vereinbarung. Es gibt seltene Ausnahmen, dass ein Vertrag wegen Sittenwidrigkeit aufgehoben wird, z.B. wenn Sie in besonders krasser Weise benachteiligt werden.

Bei Unterhaltsregelungen sollten die Grundlagen für die Berechnung schriftlich festgehalten werden, also das derzeitige Nettoeinkommen, anhand dessen der Unterhalt ermittelt worden ist. Dies erleichtert eine spätere Abänderung Ihres Unterhaltsanspruchs, wenn Ihr Ehemann z.B. ein höheres Einkommen erzielt.

Auf Kindesunterhalt kann rechtswirksam nicht verzichtet werden. Auch auf Ihren Unterhalt während der Getrenntlebenszeit können Sie nicht verzichten. Selbst für den Fall der Scheidung sollten Sie nicht auf Unterhalt verzichten, wenn Sie möglicherweise soziale Leistungen in Anspruch nehmen müssen (vergleiche auch Kapitel VIII, »Wann erhalte ich keinen Unterhalt?«, Seite 119).

Manchmal soll es aus wirtschaftlichen oder persönlichen Gründen bei einem dauernden Getrenntleben der Ehegatten bleiben, ohne dass eine Scheidung der Ehe beabsichtigt ist. Auf das Recht, die Scheidung herbeizuführen, kann nicht wirksam verzichtet werden.

Wenn Ihr Ehemann Gütertrennung vereinbaren will oder den Versorgungsausgleich ausschließen möchte, so bedenken Sie die Folgen: Bei der Vereinbarung von Gütertrennung muss vor Vertragsabschluss der Zugewinnausgleich errechnet und festgelegt werden. Wenn Sie den Versorgungsausgleich ausschließen, berücksichtigen Sie, dass Ihre Altersversorgung möglicherweise nicht gesichert ist.

Lassen Sie sich unbedingt von Ihrer Rechtsanwältin beraten, bevor Sie einen Vertrag unterschreiben. Auch die Frage der anfallenden Kosten für außergerichtliche Beratungen und Vertretungen und die Beurkundung einer Vereinbarung sollten Sie mit Ihrer Rechtsanwältin und der Notarin klären.

Nachwort

Erfahrungen, die einige von uns schon Ende der siebziger Jahre mit einer Gruppe für getrennt lebende Frauen und einer Frauenberatungsstelle im Hamburger Arbeiterstadtteil Wilhelmsburg machten, gaben Anlass, ein Buch mit speziell auf Fraueninteressen ausgerichtetem Inhalt zu schreiben. Die meisten der dort beratenen Frauen hatten keine Vorstellung von ihren Rechten in der Ehe sowie bei Trennung und Scheidung. Die wenigen damals vorhandenen Rechtsratgeber hatten eher die Vermögensinteressen der Ehemänner als die Sorgen der Ehefrauen im Blick.

Die erste Fassung unseres Scheidungsratgebers von Frauen für Frauen erschien 1976 zunächst im Selbstverlag, dann in einem kleinen Frauenverlag. Von 1978 bis 2009 wurde unser Buch vom Rowohlt-Verlag herausgegeben, jetzt erscheint diese Neuauflage im Orlanda Verlag.

Die Autorinnen-Gruppe hat diesen Ratgeber regelmäßig überarbeitet und den gesetzlichen Neuregelungen angepasst. 1993 haben sich Leipziger Kolleginnen der Autorinnen-Gruppe angeschlossen und die Besonderheiten der neuen Bundesländer in einem gesonderten Kapitel dargestellt. Ab der Neuauflage 2002 weisen wir in den einzelnen Kapiteln auf noch bestehende Besonderheiten hin. 1998 haben wir die Reformen des Kindschaftsrechtes und des Kindesunterhaltsrechtes eingearbeitet. Wir haben ebenso berücksichtigt, dass inzwischen nicht wenige Kinder beim Vater leben und die Mütter Unterhalt zahlen sollen. Auch für die Beurteilung solcher Unterhaltsprobleme geben wir Hilfestellung.

Die Neuauflage 2010 berücksichtigt die gravierenden gesetzlichen Änderungen des Familienrechtes im Unterhaltsrecht (seit 2008), im Recht des Versorgungsausgleiches und im Güterrecht (beides seit 2009). Die ersten Auswirkungen der gesetzlichen Regelungen in der Gerichtspraxis konnten wir bereits darstellen, die weitere Entwicklung der Rechtsprechung insbesondere des Bundesgerichtshofes bleibt abzuwarten.

Frauen werden auch weiterhin auf Unterhaltszahlungen ihrer Ex-Ehemänner angewiesen sein. Die Zugangsbedingungen für Frauen zu existenzsichernden und qualifizierten Arbeitsplätzen sind nach wie vor sehr viel schlechter als für Männer – zum einen. Zum anderen fehlt es nach wie vor an Vorbildern für ein ausgewogenes Familienleben mit Kindern, mit Beruf, mit Vätern. Frauen in politischen Gremien arbeiten weiter daran, Rahmenbedingungen herzustellen, um für alle Frauen mehr Möglichkeiten zu schaffen, Beruf und Familie zu vereinbaren. Dies liegt auch im Interesse der Gemeinschaft.

Mit unserem Rechtsratgeber wollen wir dazu beitragen, dass Frauen über ihre Rechte informiert sind und den Mut haben, diese Rechte umzusetzen. Dazu ist eine sachkundige und parteiliche Beratung für Frauen durch Rechtsanwältinnen wichtig. Gestaltung und Stärkung von Frauenrechten ist unser Anliegen, deshalb schreiben wir diesen Scheidungsratgeber.

Die Autorinnen im Juli 2010

ANSCHRIFTEN DER AUTORINNEN

Renate Eckoldt
Rechtsanwältin und Fachanwältin für Familienrecht
Kirchenallee 25 · 20099 Hamburg
Tel.: 040/ 24 66 88 · Fax: 040/ 24 54 98
Email: post@anwaelte-eckoldt-coll.de
Internet: www.anwaelte-eckoldt-coll.de

Gisela Frederking
Rechtsanwältin und Fachanwältin für Familienrecht
Schellingstr. 17 · 22089 Hamburg
Tel.: 040/ 68 91 98 15 · Fax: 040/ 68 91 98 69
Email: gisela.frederking@fresam.de · Internet: www.fresam.de

Gisela Friedrichs
Rechtsanwältin und Fachanwältin für Familienrecht
Lüneburger Str. 2 · 21073 Hamburg
Tel.: 040/767 555 11 · Fax: 040/ 767 549 00
Email: friedrichs@rechtamring.net · Internet: www.rechtamring.net

Gisela Gebauer-Jipp
Rechtsanwältin und Mediatorin
Preystr. 12 · 22303 Hamburg
Tel.: 040/ 27 50 68 · Fax: 040/279 54 84
Email: info@gebauer-jipp.de · Internet: www.gebauer-jipp.de

Barbara Hüsing
Rechtsanwältin und Fachanwältin für Familienrecht
Holstenwall 10 · 20355 Hamburg
Tel.: 040/ 355 388 0 · Fax.: 040/ 355 388 20
Email: huesing@hnpb.de · Internet: www.hnpb.de

Nanette Mramor
Rechtsanwältin und Fachanwältin für Familienrecht
Feldstr. 60 · 20357 Hamburg
Tel.: 040/ 43 21 500 · Fax: 040/ 432 25 34
Email: rae@roemmig.de · Internet: www.roemmig.de

Ursel Müller-Fahron
Rechtsanwältin und Notarin · Fachanwältin für Familienrecht
Rathausallee 35 · 22846 Norderstedt
Tel.: 040/522 77 55 · Fax: 040/522 66 01
Email: anwaltaria@wtnet.de · Internet: www.anwaltaria@wtnet.de

Barbara Münscher
Rechtsanwältin und Fachanwältin für Familienrecht
Lamp'lweg 4 · 22767 Hamburg
Tel.: 040/ 389 52 71 · Fax: 040/ 38 79 19
Email: buero_muenscher@t-online.de

Bärbel Pfeiffer-v. Bültzingslöwen
Rechtsanwältin und Notarin · Fachanwältin für Familienrecht
Rathausallee 35 · 22846 Norderstedt
Tel.: 040/522 77 55 · Fax: 040/522 66 01
Email: anwaltaria@wtnet.de · Internet: www.anwaltaria.de

Susanne Pötz-Neuburger
Rechtsanwältin und Fachanwältin für Familienrecht
Mediatorin BAFM
Thielenstr. 8 a · 21109 Hamburg
Tel.: 040/32 86 51 5 – 0 · Fax: 040/ 32 86 51 5 – 15
Email: spn@anwaeltinnenkanzlei.de
Internet: www.anwaeltinnenkanzlei.de

Sabine Scholz
Rechtsanwältin und Fachanwältin für Familienrecht
Mediatorin
Speicherlinie 40 · 24937 Flensburg
Tel.: 0461/ 90 91 30 · Fax: 0461/ 90 91 310
Email: scholz@fischer-meissner-scholz.de
Internet: www.fischer-meissner-scholz.de

Ursula Wens
Rechtsanwältin
Elmenhorststr. 7 · 22767 Hamburg
Tel.: 040/ 38 19 52 · Fax: 040/ 389 47 40
Email: anwaelte-elmenhorststrasse@t-online.de

Bibliografische Information der Deutschen Nationalbibliothek
Die Deutsche Nationalbibliothek verzeichnet diese Publikation
in der Deutschen Nationalbibliografie;
detaillierte bibliografische Daten sind im Internet über http://dnb.d-nb.de abrufbar.

ISBN 978-3-936937-79-4

1. Auflage 2010

© 2010 Orlanda Frauenverlag GmbH, Berlin
Alle Rechte vorbehalten

Lektorat: Claudia Neumann
Umschlaggestaltung: Stefanie Schenk, Berlin
Satz & Layout: Typo:Berger, Berlin
Herstellung: Anna Mandalka
Druck: Druckerei Walter Bartos GmbH, Berlin